国家示范性中等职业学校重点建设专业教材

汽车空调系统维修理实一体化教材

中国汽车工程学会　组织编写

方作棋　黄元杰　王科东　主　编

人民交通出版社股份有限公司
China Communications Press Co.,Ltd.

内 容 提 要

本书是国家示范性中等职业学校重点建设专业教材,本书涵盖了汽车空调维修的基本理论、汽车空调的基本维护、常用及专用工具的使用共计九个项目的内容,各个项目都配有作业表和评分标准。

本书适合中等职业学校汽车运用与维修专业教学使用,从事汽车维修的相关技术人员亦可参考使用。

图书在版编目(CIP)数据

汽车空调系统维修理实一体化教材 / 方作棋,黄元杰,王科东主编.—北京:人民交通出版社股份有限公司,2014.6

国家示范性中等职业学校重点建设专业教材

ISBN 978-7-114-11420-5

Ⅰ.①汽… Ⅱ.①方…②黄…③王… Ⅲ.①汽车空调—车辆修理—中等专业学校—教材 Ⅳ.①U472.41

中国版本图书馆CIP数据核字(2014)第101675号

国家示范性中等职业学校重点建设专业教材

书　　名:汽车空调系统维修理实一体化教材
著 作 者:方作棋　黄元杰　王科东
责任编辑:曹延鹏
出版发行:人民交通出版社股份有限公司
地　　址:(100011)北京市朝阳区安定门外外馆斜街3号
网　　址:http://www.ccpress.com.cn
销售电话:(010)59757973
总 经 销:人民交通出版社股份有限公司发行部
经　　销:各地新华书店
印　　刷:北京市密东印刷有限公司
开　　本:880×1230　1/16
印　　张:6.75
字　　数:189千
版　　次:2014年7月　第1版
印　　次:2020年12月　第5次印刷
书　　号:ISBN 978-7-114-11420-5
定　　价:20.00元

(有印刷、装订质量问题的图书由本公司负责调换)

国家示范性中等职业学校重点建设专业教材

专家委员会

专家委员： 赵丽丽　朱　军　刘　亮　卞良勇　焦建刚
　　　　　　汤　涛　邱世军

编写委员会

编写委员：（按姓氏笔画排序）
　　　　　　王　林　王成波　王科东　王瑞君　方作棋
　　　　　　方志英　叶诚昕　陈建惠　陈　东　陈　旺
　　　　　　杜凌平　陆志琴　杨　婷　余斌立　忻状存
　　　　　　忻超群　林育彬　孟华霞　郑军强　胡　蕾
　　　　　　施建定　徐湖川　徐昆洋　顾雯斌　黄元杰
　　　　　　葛建峰　颜世凯

序

  我国的汽车保有量急剧增加，公路交通建设快速发展，这对汽车维修等汽车后市场的发展提出了更高的要求。近年来，尽管我国职业教育取得了很大的成就，但是有些职业院校的教学并没有完全反映企业的实际需求和学生的职业发展规律。职业教育的"职业性"不强，这已成为困扰职业教育适应行业企业发展需要的瓶颈问题。

  事实上，这并不是我国所独有的问题，世界各国和地区也都在通过不同手段探索相应的解决方案。20世纪末，大众、宝马、福特、保时捷等六大国际汽车制造巨头曾在德国提出过一个《职业教育改革七点计划》，建议职业教育应在以下七个方面做出努力：

  1. 加强文化基础教育——为青年人的生涯发展打下良好基础，包括掌握基本文化基础和关键能力。

  2. 资格鉴定考试中加强定性评估——将职业资格鉴定与企业人力开发措施结合起来，资格考试按照行动导向和设计（Shaping）导向的原则进行。

  3. 传授工作过程知识——职业院校应针对特定的工作过程传授专业知识，采用综合性的案例教学，并着力培养团队能力。

  4. 学校和企业功能的重新定位——通过学校和企业的共同努力，提高职业教育质量：学校是终身学习的服务机构，企业成为学习化的企业。

  5. 采用灵活的课程模式——通过核心专业课程奠定统一而扎实的专业基础，必要时包含具有地方和企业特征的教学内容。

  6. 职业教育国际化——建立学校教育和企业培训质量互认，促进各国职业资格证书的可比性和透明度。

  7. 促进校企合作的发展——企业和职业院校合作创办高水平职业教育机构，促进贴近工作岗位的职业教育典型实验和相关研究。

  这一建议至今看来都有十分重要的借鉴意义。职业院校以市场和需求为导向的课程和教材建设，应当从专业所面向的职业工作任务出发，明确学习目标和学习内容，从而为学生的就业和职业生涯发展奠定必要的基础，这不论是在理论上还是实践上都面临着巨大的挑战。这里不仅要引入先进的职业教育理念，需要丰富的职业实践经验，而且需要把先进、实用的技术有针对性地与职业院校的教学工作有机结合起来。

  中国汽车工程学会组织编写的这套教材在以上方面进行了有益的探索。教材充分利用了"蕴藏在实际工作任务的教和学的潜力"，按照工作组织安排学习，可以为学习者提供面向实际的学习机会。希望这套教材的出版不但能帮助职业院校更快、更好、更容易地培养出社会亟需的技能型人才，而且也能为我国职业教育的教学改革提供有价值的经验。

北京师范大学职业与成人教育研究所

前　言

汽车职业教育的教学内容和教学方法更加贴近企业实际，同时更加符合学生的职业发展规律，一直是汽车职业教育教学改革的目标，也是我们的重要工作方向。早在2004年，中国汽车工程学会下属汽车应用与服务分会就开始了对汽车维修职业教育实训课教学内容和教学方法的改革探索，并组织完成了全国教育科学"十五"规划重点课题《以就业为导向职业教育课程和教材改革的研究与实践》的子课题——"汽车维修职业教育核心实训课工艺化教学模式的开发与推广"，并于2007年组织编写了"汽车维修职业教育实训课工艺化系列教材"。自此之后，我们结合由我会和相关企业策划实施的"博世班"、"北京现代班"等校企合作项目，又相继组织编写了一批教学内容来自企业生产实践、充分反映行业最新技术发展动态、体现先进职业教育理念的实训系列教材。与此同时，我们还选派专家深入学校，更有针对性地指导汽车专业教学改革，进一步贴近教学实际地开发实训教材，本套教材便是成果之一。

自2008年起，我会专家深入宁波交通工程学校（宁波鄞州高级职业中学），指导其汽车维修专业教学改革。针对该校年轻教师多，普遍缺乏企业实践经验的现状，专家从"教什么"入手，指导教师们通过企业调研提炼汽车维修的"典型工作任务"；之后围绕这些工作任务逐项提升教师自身的动手能力；在帮助教师熟练掌握维修技能后，指导他们将工作任务转化为学习任务，并据此设计课程，编写教材，解决"怎么教"的问题。经过几年的反复研究和实践，终于形成了这样一套具有较高实用价值的创新教材。

本套教材的内容包含了最基本的汽车维护实训项目，最典型的发动机维修、发动机电控系统故障诊断、汽车底盘和车身电器检测实训项目，以及为完成以上维修项目所必须掌握的汽车维修基础技能实训项目。在实训项目的选取上，本套教材紧扣中等职业学校汽车维修专业的培养目标，充分体现"必需、够用"原则，同时完全贴合教育部"全国职业院校技能大赛"中职汽车维修专业的比赛项目。

宁波交通工程学校通过连续多个班级的教学实践，在以上课程和教材的应用上已取得显著成绩。该校连续六年在教育部"全国职业院校技能大赛"中职组汽车维修专业赛项中共取得了18个一等奖（三个第一名）的好成绩；汽车维修专业毕业生始终处于供不应求的状态。更为难能可贵的是，通过以上课程和教材的开发，该校培养出了一批"双师型"年轻教师，为年轻教师快速成长为"双师型"教师摸索出一条有效途径。

本套教材以图文并茂的方式详细展现了技能教学的全过程，极大提升了教学的形象化和直观化，同时在每个步骤中都有要领提示，强化了汽车维修作业的规范性和作业技巧。在教学过程中，注重体现了汽车服务企业的5S管理，以使学生在掌握技能的同时提高职业素养。在每个任务的后面还给出了技能考核的参考标准，以便于教学效果的考评。

本书由方作棋、黄元杰、王科东主编。朱军老师和李东江老师对本书的编写工作提供了大力支持和帮助，在此表示衷心的感谢。

我们真诚希望本套教材能为辛勤耕耘在汽车维修职业教育一线的专业教师们提供有益帮助，同时也希望我们的探索能为汽车职业教育的教学改革提供可借鉴的经验，欢迎汽车职业教育界的领导和同仁们提出宝贵意见。

中国汽车工程学会

目录 CONTENTS

概 述 认知汽车空调系统
- 一、汽车空调系统的作用 …………… 1
- 二、汽车空调系统的基本组成 …………… 1
- 三、汽车空调制冷系统 …………… 2

项目1 感知汽车空调
- 一、学习目标 …………… 4
- 二、情景导入 …………… 4
- 三、知识链接 …………… 4
- 四、项目实施 …………… 4

项目2 汽车空调的基本维护
- 一、学习目标 …………… 13
- 二、情景导入 …………… 13
- 三、知识链接 …………… 13
- 四、项目实施 …………… 13

项目3 鉴别制冷剂的纯度和类型
- 一、学习目标 …………… 18
- 二、情景导入 …………… 18
- 三、知识链接 …………… 18
- 四、项目实施 …………… 18

项目4 空调系统性能的压力测试作业
- 一、学习目标 …………… 28
- 二、情景导入 …………… 28
- 三、知识链接 …………… 28
- 四、项目实施 …………… 29

项目5 汽车空调制冷系统的检漏作业
- 一、学习目标 …………… 36
- 二、情景导入 …………… 36
- 三、知识链接 …………… 36
- 四、项目实施 …………… 36

项目6 汽车空调制冷剂的回收、抽真空、加注作业
- 一、学习目标 …………… 48
- 二、情景导入 …………… 48
- 三、知识链接 …………… 48
- 四、项目实施 …………… 48

项目7 汽车空调的竣工检查作业
- 一、学习目标 …………… 62
- 二、情景导入 …………… 62
- 三、知识链接 …………… 62
- 四、项目实施 …………… 63

项目8 汽车空调压缩机检测与更换作业
- 一、学习目标 …………… 75
- 二、情景导入 …………… 75
- 三、知识链接 …………… 75
- 四、项目实施 …………… 76

项目9 汽车空调控制面板总成的检测与更换作业

　　一、学习目标 ……………………85
　　二、情景导入 ……………………85
　　三、知识链接 ……………………85
　　四、项目实施 ……………………86

参考文献……………………………99

概述 认知汽车空调系统

一 汽车空调系统的作用

汽车内部空气调节系统的简称为汽车空调。其作用是随着气候环境的变化调节车内空气的温度、湿度、流速、清洁度，同时有防止风窗玻璃结雾、结霜或结冰的作用，在特殊气候条件下最大限度地保证车内人员的舒适、安全和视野。

二 汽车空调系统的基本组成

汽车空调系统主要包括制冷系统、暖风系统、通风系统、空气净化系统和控制系统五个基本部分。

（1）制冷系统。采用R134a环保制冷剂回路，实现对驾驶室内的空气进行制冷、除湿的功能，如下图所示。

制冷系统的组成

（2）暖风系统。采用发动机冷却液为热源，对驾驶室内的空气进行加热，在寒冬季节为前风窗玻璃和前门玻璃除霜，阴雨天气为风窗玻璃除雾，如下图所示。

暖风系统的组成

（3）通风系统。由进风口、鼓风机、风门、风道空气滤清器、出风口、出风栅格构成，对驾驶室内的空气进行净化并有强制通风的功能，如下图所示。

通风系统的组成

（4）空气净化系统。除去车内空气中的尘埃、臭味、烟气及有毒气体，使车内空气变得清洁，如下图所示。

空气净化系统的组成

（5）控制系统。以空调控制面板和发动机电脑（ECM）为核心，通过空调控制模式的设定值与车内外空气环境条件值的对比计算，从而实现对以上四个系统的整体控制，以改善乘车的舒适性。

三 汽车空调制冷系统

1 汽车空调制冷系统的基本组成

空调制冷系统主要由压缩机、冷凝器、储液干燥器、压力开关、膨胀阀、蒸发器等部件组成,如下图所示。

空调制冷系统的组成

2 空调制冷系统部件实车位置介绍

(1)压缩机。压缩机是汽车空调制冷系统的心脏,能使制冷剂在系统中循环。从蒸发器过来的是因吸热而蒸发形成的低温低压的气态制冷剂,在压缩机的作用下,被压缩为高温高压的气态制冷剂,并进入冷凝器中。压缩机的管路连接如下图所示。

压缩机管路连接示意图

卡罗拉轿车的压缩机实车位置如下图所示。

卡罗拉轿车压缩机实车位置图

(2)冷凝器。冷凝器的作用是充当一个热交换器,将制冷剂所含的热量散发出去。过热的制冷剂蒸气从冷凝器顶部进入,经冷凝器散热后变为液态的制冷剂液体,再从冷凝器底部流出。冷凝器的管路连接如下图所示。

冷凝器管路连接示意图

卡罗拉轿车的冷凝器实车位置如下图所示。

卡罗拉轿车冷凝器实车位置图

（3）膨胀阀。膨胀阀为汽车空调制冷系统的主要部件之一，其接受由储液干燥器送来的高压液态制冷剂，经由膨胀阀内部狭窄的孔道后变成低压雾态制冷剂。膨胀阀能随着蒸发器热负荷的大小自动调整进入蒸发器的制冷剂量，使蒸发器发挥最大冷却效率，并在制冷系统正常运转时保持车厢内一定的温度。膨胀阀的管路连接如下图所示。

膨胀阀管路连接示意图

卡罗拉轿车的膨胀阀实车位置如下图所示。

卡罗拉轿车膨胀阀实车位置图

（4）蒸发器。蒸发器的结构与冷凝器相似，其功能是提供足够大的表面积，以便让车厢内部的空气流过蒸发器表面时，能将热量传递给内部的制冷剂，使经过蒸发器降温后的空气继续吹到车厢内部，达到降温效果。蒸发器的管路连接如右上图所示。

蒸发器管路连接示意图

卡罗拉轿车的蒸发器实车位置如下图所示。

卡罗拉轿车蒸发器实车位置图

③ 汽车空调制冷系统的工作原理

空调的设计引用了物理学上的基本原理——物质的物理状态会发生变化，如下图所示。当某种物质的物理状态由液态转变为气态（即蒸发）时，此物质必定要从周围吸收足够的热量；当某种物质的物理状态由气态转变为液态（即液化）时，此物质必定要向周围放出足够的热量。

物质状态变化图

项目 1 感知汽车空调

一 学习目标

1. 了解汽车空调的评价指标。
2. 掌握汽车空调面板的基本操作。

二 情景导入

有两台卡罗拉轿车，一台开着空调，另一台不开空调，让学生体验下汽车空调带给他们的感觉。

三 知识链接

良好的车内环境包括车厢内空气的温度、湿度、流速、清洁度等适宜，同时风窗玻璃上不结雾、不结霜、不结冰。这样的车内环境才能使汽车在特殊气候条件下最大限度地保证车内人员的舒适、安全和视野。

（1）温度。人体适宜的温度：夏季为 22～28℃，冬季为 16～18℃。温度低，人的动作会僵硬；温度高，精神就不会集中。这些都容易诱发交通事故。

（2）相对湿度。人体适宜的湿度：夏季为 50%～60%，冬季为 40%～50%。湿度高，皮肤会痒，出湿疹；湿度低，皮肤会干燥，产生静电。

（3）流速。室内空气流动是影响人体热舒适的重要因素。在温度、湿度较高的场合，通过加强室内空气流动是保证热舒适最简单的节能途径。

（4）清洁度。大气清洁度是以二氧化硫、氮氧化物和总悬浮颗粒物三种污染因子的综合作用来表示大气清洁的程度。按等级划分：0～50 为优（Ⅰ级），可正常活动；51～100 为良（Ⅱ级），可正常活动；100～200 为普通（Ⅲ级，轻度污染），长期接触，易感人群症状有轻度加剧，健康人群出现刺激症状；200～300 为不佳（Ⅳ级，中度污染），一定时间接触后，心脏病和肺病患者症状显著加剧，运动耐受力降低，健康人群中普遍出现症状；300 为差（Ⅴ级严重污染），健康人群除出现较强烈症状、运动耐受力降低外，长期接触会提前出现某些疾病。

四 项目实施

（一）技术标准与要求

（1）确保操作人员及设备安全。
（2）启动发动机时确保驻车制动器拉起、变速器操纵杆置于 P 挡。
（3）使用风速计测量风速与温度时，参照仪器使用说明书。

（二）实训时间

实训时间为 10min。

（三）实训器材

卡罗拉轿车

风速计

室内三件套

（四）教学组织

1 教学组织形式

本课程为"工艺化"实训课，实训教师 1 名，学生 18 名，实训室共有 3 个实训工位，按照 6 人 1 个工位编组。

2 学生的站位分工和要求

学生按指定的工位站立，按教师的指令同时进行独立的操作。

3 实训教师职责

播放教学视频，并讲解实训项目的操作步骤和相关的注意事项；下达"开始操作"口令；巡视、检查、指导，纠正学生操作中的错误；课堂总结；组织学生对实训室进行清洁整理。

4 学生职责

认真观看教学视频；完成教师布置的任务；做好课后的清洁整理工作。

（五）操作步骤

🌲 第一步　作业前准备

1 学生清洁、整理工位，准备好相关的工具和物品。

提示：

需要的设备有车轮挡块、室内三件套、翼子板布、风速计。

2 学生列队站立在实训车辆两边。

提示：

学生应穿实训服，站到指定的工位进行学习。

3 安装汽车维修防护设备。

提示：

（1）安装尾气排气抽气管。
（2）安装车轮挡块。
（3）安装室内座椅套、转向盘套、地板垫。

🌲 第二步　汽车空调面板介绍

 汽车空调控制面板总成位置图。

提示：

（1）该实训车为手动空调，安装在中控仪表台中间位置。
（2）各箭头表示相应出风口位置。

 汽车空调控制面板总成介绍图。

提示：

手动空调主要由出风模式开关、鼓风机挡位开关、温度调节开关、A/C开关、内外循环开关和后窗除霜开关组成。

 出风模式开关介绍图。

提示：

（1）出风模式开关外圈是可以旋转的，当白点旋到某个出风模式，相应的出风口就可以出风。
（2）出风模式开关内部有内外循环开关，主要是控制空调的进气口位置在车内还是在车外。

 温度调整介绍图。

提示：

（1）蓝色区域为冷风区域，左侧最低部位为温度最冷区域。
（2）中间区域为混合区域也可称为自然风区域。
（3）红色区域为热风区域，右侧最低部位为温度最高区域。

感知汽车空调 项目1

 5 鼓风机挡位开关介绍图。

提示:

旋转鼓风机挡位开关，可以使鼓风机处于1挡、2挡、3挡、4挡。1挡风速最小，4挡风度最大。

第三步　汽车空调效果感知

 1 起动车辆，不开启空调。

提示:

（1）起动车辆前注意观察驻车制动器在拉起状态、挡位在P位。
（2）起动后将发动机预热，冷却液温度达到正常工作温度。

 2 将风速传感器迎面对准中央出风口。

提示:

（1）风速传感器正面对准出风口。
（2）出风方向与风速计标识的方向一致。

（3）此时测量出风风速接近0m/s，仪器屏幕显示风温度为目前在测的环境温度28℃。

 3 启动汽车空调。

提示:

（1）鼓风机挡位开关在1位置。
（2）按下空调A/C开关，指示灯转为点亮状态。

7

4 将手背面置于中央出风口处,感受出风口温度。

5 鼓风机1挡位时工作状态。

提示:

以目前教学训练时间点为例:此时出风风速为2.0m/s,出风温度为28℃。

6 鼓风机2挡位时工作状态。

提示:

(1)将鼓风机从1挡位转到2挡位,不要挪动风速传感器放置位置,否则会产生误差。

(2)当挡位转变以后,风速计停留5s,待数值稳定再作记录。

7 风速计显示此时出风口的风速和温度。

提示:

以目前教学训练时间点为例:此时出风风速为3.5m/s,出风温度为28℃。

8 鼓风机3挡位时工作状态。

提示:

(1)将鼓风机从2挡位转到3挡位,不要挪动风速传感器放置位置,否则会产生误差。

(2)当挡位转变以后,风速计停留5s,待数值稳定再作记录。

9 风速计显示此时出风口的风速和温度。

提示:

以目前教学训练时间点为例:此时出风风速为6.34m/s,出风温度为28℃。

鼓风机4挡位时工作状态。

提示：

（1）将鼓风机从3挡位转到4挡位，不要挪动风速传感器放置位置，否则会产生误差。

（2）当挡位转变以后，风速计停留5s，待数值稳定再作记录。

 风速计显示此时出风口的风速和温度。

提示：

以目前教学训练时间点为例：此时出风风速为8m/s，出风温度为28℃。

 将挡位停留在4挡位不变，测量正面吹风模式下不同风道的出风风速。

提示：

（1）测量时，传感器放置的位置尽可能一致。

（2）由于风道与鼓风机部件的距离有差异的原因，所以正面吹模式下不同风道口的风速有一定的差异。

 记录风速计采集的数据。

提示：

采集数据是为后期故障诊断提供重要依据。

 将模式开关转动到除霜模式，测量除霜出风口风速。

提示：

（1）当模式转变以后，风速传感器尽可能垂直于前风窗玻璃，测量时停留5s，待数值稳定再作记录。

（2）除霜模式有三个出风口，包括前风窗玻璃出风口、两侧的车窗玻璃出风口。

风速计显示此时出风口的风速和温度。

提示：

此时出风风速为5m/s，出风温度为28℃。

 将模式开关转动到足下模式，测量足下吹出风口风速。

提示：

（1）当模式转变以后，风速传感器尽可能垂直于各出风口，测量时停留5s，待数值稳定再作记录。

（2）足下吹模式有四个个出风口，包括主、副驾驶侧下部出风口，主、副座椅下方的后排出风口。

 风速计显示此时出风口的风速和温度。

提示：

此时出风风速为4.7m/s，出风温度为28℃。

 关闭空调，将发动机熄火。

第四步 整理工位

整理工位。

提示：

（1）整理设备、工具。
（2）整理、清洁汽车。
（3）将汽车停入指定的位置。
（4）将工具放回指定的位置。

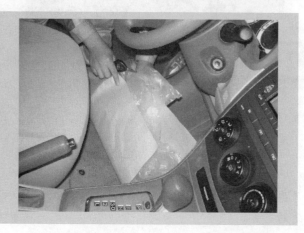

（六）考核标准

1 工作记录表

感知汽车空调记录表

汽车型号		学生姓名	
发动机型号		VIN 编号	

未开空调	开启空调
一、鼓风机挡位（m/s） 　1 挡：　　2 挡：　　3 挡：　　4 挡：	一、鼓风机挡位（m/s） 　1 挡：　　2 挡：　　3 挡：　　4 挡：
二、模式位置 　迎面吹： 　足下吹： 　除霜：	二、模式位置 　迎面吹： 　足下吹： 　除霜：

2 工作考评表

感知汽车空调考评表

考评人：　　　　操作人：　　　　日期：　　　　时间：

考核时间	操作步骤	序号	考核项目	满分	评分标准	得分
10min	第一步 准备工作	1	着装规范	4	酌情扣分	
		2	作业前整理工位	4	酌情扣分	
		3	仪器面板的检查	4	检查不到位，分数全扣	
		4	仪器面板的使用	4	工具选取不当，分数全扣	
		5	起动发动机	3	操作不当，分数全扣	
		6	未开空调	1	酌情扣分	
	第二步 未开空调 效果感知	7	将风速传感器迎面对准中央出风口	1	工具选取不当，分数全扣	
		8	鼓风机处于 0 挡位位置	1	酌情扣分	
		9	测量出风口的风速和温度	1	酌情扣分	
		10	鼓风机处于 1 挡位位置	1	酌情扣分	
		11	测量出风口的风速和温度	1	检查不到位，分数全扣	
		12	鼓风机处于 2 挡位位置	1	操作不当，分数全扣	
		13	测量出风口的风速和温度	1	酌情扣分	
		14	鼓风机处于 3 挡位位置	1	酌情扣分	
		15	测量出风口的风速和温度	1	酌情扣分	
		16	鼓风机处于 4 挡位位置	1	酌情扣分	
		17	测量出风口的风速和温度	1	检查不到位，分数全扣	
		18	测量迎面吹各出风口的风速和温度	3	检查不到位，分数全扣	
		19	对测量的数据进行记录	3	酌情扣分	
		20	测量在鼓风机相同挡位不同出风模式的风速值	2	酌情扣分	
		21	模式开关处于足下吹风模式位置	2	酌情扣分	
		22	测量出风口的风速和温度	2	酌情扣分	
		23	模式开关处于除霜模式位置	2	酌情扣分	
		24	测量出风口的风速和温度	1	检查不到位，分数全扣	
		25	对测量的数据进行记录	2	酌情扣分	

续上表

考核时间	操作步骤	序号	考核项目	满分	评分标准	得分
10min	第三步 打开空调 效果感知	26	开启空调	1	酌情扣分	
		27	将风速传感器迎面对准中央出风口	1	酌情扣分	
		28	鼓风机处于0挡位位置	1	酌情扣分	
		29	测量出风口的风速和温度	1	检查不到位，分数全扣	
		30	鼓风机处于1挡位位置	1	酌情扣分	
		31	测量出风口的风速和温度	1	酌情扣分	
		32	鼓风机处于2挡位位置	1	酌情扣分	
		33	测量出风口的风速和温度	1	酌情扣分	
		34	鼓风机处于3挡位位置	1	酌情扣分	
		35	测量出风口的风速和温度	1	检查不到位，分数全扣	
		36	鼓风机处于4挡位位置	1	酌情扣分	
		37	测量出风口的风速和温度	1	检查不到位，分数全扣	
		38	测量迎面吹各出风口的风速和温度	3	检查不到位，分数全扣	
		39	对测量的数据进行记录	3	酌情扣分	
		40	测量在鼓风机相同挡位不同出风模式的风速值	2	酌情扣分	
		41	模式开关处于足下吹风模式位置	2	酌情扣分	
		42	测量出风口的风速和温度	2	酌情扣分	
		43	模式开关处于除霜模式位置	2	酌情扣分	
		44	测量出风口的风速和温度	2	酌情扣分	
		45	对测量的数据进行记录	3	检查不到位，分数全扣	
	其他	46	整理工作台	8	操作不当扣4分	
		47	安全操作	12	零件是否有跌落，若有，每次扣2分；工具是否有损坏，若有，每次扣2分；扣完为止	
		48	操作时间		每超时1min扣2分，超时5min终止考试	
		49	遵守相关安全规范		因违规操作造成人身和设备事故的，总分按0分计	
			分 数 合 计	100	操作人实际得分	

项目 2 汽车空调的基本维护

一 学习目标

1. 了解汽车空调滤芯的作用。
2. 掌握汽车空调滤芯的更换方法。

二 情景导入

一辆使用两年的卡罗拉轿车，夏天开空调时，出风风量不如以前足，同时还夹杂有尘土味、霉味等异味。经诊断确认为空调滤芯脏堵，需要更换空调滤芯。

三 知识链接

汽车空调滤芯，俗称花粉滤清器，其作用是过滤从外界进入车厢内部的空气，提高车厢内空气的洁净度。空气中的杂质包括微小颗粒物、花粉、细菌、工业废气和灰尘等，空调滤芯可以防止这类物质进入空调系统，给车内乘坐人员提供良好的空气环境，还能防止玻璃雾化。若没有空调滤芯，灰尘、杂物进入车内后会在高湿温暖的环境下，滋生霉菌、细菌等，长时间呼吸不洁的空气还可能会使人头晕、恶心，甚至患上呼吸道疾病。

空调滤芯一般分两类：普通型空调滤芯和活性炭系列空调滤芯。普通型空调滤芯，一般是由一种特定的环保过滤材料经过加工折叠后制成，多为白色单层。活性炭系列空调滤芯，是由两面非纺织布（无纺布）复合中间夹有微小的颗粒活性炭制成的活性炭滤布，再深加工制作成空调滤芯。汽车空调滤芯的安装位置一般都在汽车副驾驶侧前的玻璃下，如右图所示。

空调滤芯位置图示

普通型的空调滤芯只能起抑制灰尘和颗粒物进入的作用，活性炭系列空调滤芯能在空气经过阻流的很短时间内利用颗粒活性炭本身的物理性能，吸附空气中其他的微小物和更多的有害物质，效果要比普通型的空调滤芯好很多。空调滤芯的更换周期一般为汽车行驶 8000～10000km 时，也可根据行车的外界环境来定，如果环境干湿度对比大，常年气候干燥，风沙大，应提前更换。

四 项目实施

（一）技术标准与要求

（1）确保操作人员及设备安全。
（2）更换空调滤芯部件时，请使用相同车型型号的空调滤芯。
（3）拆装机械部件时，要避零件的二次损坏。

（二）实训时间

实训时间为 10min。

（三）实训器材

空调滤芯

吹气枪

室内三件套

（四）教学组织

1 教学组织形式

本课程为"工艺化"实训课，实训教师1名，学生18名，实训室共有3个实训工位，按照6人1个工位编组。

2 学生的站位分工和要求

学生按规定的工位站立，按教师的指令同时进行独立的操作。

3 实训教师职责

播放教学视频，并讲解实训项目的操作步骤和相关的注意事项；下达"开始操作"口令；巡视、检查、指导，纠正学生操作中的错误；课堂总结；组织学生对实训室进行清洁整理。

4 学生职责

认真观看教学视频；完成教师布置的任务；做好课后的清洁整理工作。

（五）操作步骤

第一步 作业前准备

1 清洁、整理工位，准备工具和设备。

2 学生列队站立在实训车辆两边。

提示：

学生应穿实训服，站到指定的工位进行学习。

汽车空调的基本维护 项目2

3 安装汽车维修防护设备。

提示：

（1）安装尾气排气抽气管。
（2）安装车轮挡块。
（3）安装室内座椅套、转向盘套、地板垫。

🌲 **第二步　更换空调滤清器**

1 打开储物箱。

提示：

（1）作业前须得到车主同意后才能打开。
（2）检查储物箱内的物品并作记录，若有贵重物品应提醒车主自己保存。

2 记录车上物品。

提示：

记录储物箱内的物品，并要求车主签字确认。

3 记录车辆的基本信息。

提示：

记录维修车辆的信息，以便日后统计。

4 脱开储物箱的缓冲装置。

提示：

（1）将连接储物箱一侧的缓冲装置脱开。
（2）双手扣住缓冲装置头部圆形卡口向外拔，均匀用力，直到脱开为止。

15

拆下储物箱。

提示：

（1）先将储物箱打开一半位置。
（2）双手托住储物箱下边缘沿着开口方向用力。
（3）先脱开一侧储物箱卡爪，在用同样方式脱开另一侧卡爪。

 取出空调滤芯。

提示：

（1）水平方向抽出空调滤芯，避免空调滤芯上的灰尘掉落在汽车座位上。
（2）取出后要避免异物进入空调滤芯的安装位置。

 检查空调滤芯。

提示：

（1）对空调空气格进行正反面的检查，是否有损坏、污垢。
（2）如果灰尘很多，可以用高压气枪吹走灰尘。
（3）根据空调滤芯的使用情况和更换周期进行更换。

 安装新的空调滤芯。

提示：

（1）检查新的空调滤芯，应洁净、完好无破损。
（2）安装过程中要注意空调空气格的安装方向，不要装反。

第三步　整理工位

整理工位。

提示：

（1）整理设备、工具。
（2）整理、清洁汽车。
（3）将汽车停入指定的位置。
（4）将工具放回指定的位置。

(六)考核标准

1 工作记录表

汽车空调基本维护记录表

汽车型号		学生姓名	
发动机型号		VIN 编号	
工作情况记录	1. 本车是否更换空调滤芯：是□ 否□ 2. 其他情况：		

2 工作考评表

空调基本维护考评表

考评人：　　　　操作人：　　　　日期：　　　　时间：

考核时间	操作步骤	序号	考 核 项 目	满分	评分标准	得分
10min	第一步 准备工作	1	着装规范	7	酌情扣分	
		2	作业前整理工位	7	酌情扣分	
	第二步 拆卸空调滤芯	3	打开副驾驶侧储物箱	7	检查不到位扣4分	
		4	记录车上物品	7	工具选取不当扣4分	
		5	记录车辆的基本信息	14	操作不当扣8分	
		6	脱开储物箱的缓冲装置	6	酌情扣分	
		7	拆下储物箱	6	酌情扣分	
		8	取出空调滤芯	6	酌情扣分	
	第三步 安装空调滤芯	9	检查空调滤芯	6	酌情扣分	
		10	安装新的空调滤芯	4	酌情扣分	
		11	安装储物箱	4	酌情扣分	
		12	清洁整理工具	7	操作不当扣4分	
	其他	13	整理工作台	7	操作不当扣4分	
		14	安全操作	12	零件是否有跌落，若有，每次扣2分；工具是否有损坏，若有，每次扣2分；扣完为止	
		15	操作时间		每超时1min扣2分，超时5min终止考试	
		16	遵守相关安全规范		因违规操作造成人身和设备事故的，总分按0分计	
分　数　合　计				100	操作人实际得分	

项目 3　鉴别制冷剂的纯度和类型

一　学习目标

1. 了解汽车制冷剂的种类。
2. 学会制冷剂鉴别仪的使用方法。
3. 根据制冷剂的鉴定数据，掌握分析、判定制冷剂性能的方法。

二　情景导入

目前汽配市场上销售的制冷剂种类比较繁多，有 R12、R134a 等，比较环保的是 R134a 制冷剂，但是许多厂家为了利益常常以次充好，以假乱真。所以如何辨别真伪制冷剂就需要使用制冷剂鉴别仪来鉴别。

三　知识链接

1 制冷剂

制冷剂是制冷系统完成制冷循环的工作介质，俗称冷媒。制冷剂在蒸发器内汽化并吸收被冷却介质的热量而制冷，又在高温下把热量传递给周围空气，此时转化为液态制冷剂，如此不断循环。目前市场制冷剂的类型有 R134a、R12、R22、HC 等，如下图所示，当前在用车使用的制冷剂大多为 R134a。R134a 制冷剂不含氯离子，对大气臭氧层破坏小，但对温室效应影响大。

制冷剂的类型

2 对空调制冷剂进行纯度检测和类型鉴别的目的

（1）如果制冷剂中混合有杂质，会使空调系统制冷不正常，影响空调制冷效果。

（2）对于带有制冷剂回收功能的空调检测维修设备，如果回收的制冷剂纯度达不到所要求的标准，也会污染制冷剂储存罐中纯净的制冷剂，导致添加的制冷剂纯度仍然不合格。

（3）被污染的制冷剂将会损坏空调系统，也会对制冷剂回收加注设备造成极大的损坏，增加这些设备的维修成本，因此在使用制冷剂回收加注设备之前，用制冷剂鉴别仪提前检测制冷剂纯度，可避免损坏制冷剂回收加注设备。

3 制冷剂鉴别仪的工作原理

制冷剂鉴别仪利用一种红外比较和化学燃料电池技术来判断 R12 和 R134a 的纯度和污染水平以及空气的含量。

四　项目实施

（一）技术标准与要求

（1）确保操作人员及设备安全。

（2）更换损坏部件时，请使用相同型号的零件。

（3）设备出现异常时，请参照设备使用说明书解决。

（二）实训时间

实训时间20min。

（三）实训器材

制冷剂鉴别仪

R134a采样管

清洁布

护目镜

防护手套

车辆防护设备

（四）教学组织

❶ 教学组织形式

本课程为"工艺化"实训课，实训教师1名，学生18名，实训室共有3个实训工位，按照6人1个工位编组。

❷ 学生的站位分工和要求

学生按规定的工位站立，按教师的指令同时进行独立的操作。

❸ 实训教师职责

播放教学视频，并讲解实训项目的操作步骤和相关的注意事项；下达"开始操作"口令；巡视、检查、指导，纠正学生操作中的错误；课堂总结；组织学生对实训室进行清洁整理。

❹ 学生职责

认真观看教学视频；完成教师布置的任务；做好课后的清洁整理工作。

（五）操作步骤

🌲 第一步　作业前准备

1 学生清洁、整理工位，准备好相关的工具和物品。

提示：

准备工具：制冷剂鉴别仪、室内三件套、护目镜、防护手套。

2 学生列队站立在实训车辆两边。

提示：

学生应穿实训服，站到指定的工位进行学习。

3 安装汽车维修防护设备。

提示：

（1）安装尾气排气抽气管。
（2）安装车轮挡块。
（3）安装室内座椅套、转向盘套、地板垫。

4 佩戴防护手套和护目镜。

提示：

为了保证人身安全，在空调维护作业前必须佩戴好安全防护设备。

🌲 第二步　检查制冷剂鉴别仪的面板状况

1 检查空气进气口和采样进气口是否堵塞。

提示：

（1）若堵塞，应进行清洁处理。
（2）若无堵塞，进行下一步操作。

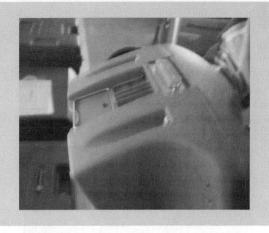

2 检查采样出气口是否堵塞。

提示:

（1）若堵塞，应进行清洁处理。
（2）若无堵塞，进行下一步操作。

 3 检查面板仪表是否破损，检查过滤器有无红点。

提示:

（1）若出现红点，说明过滤器需要更换，否则会影响检测精度。
（2）若无红点，进行下一步操作。

 4 检查 R134a 采样管是否破损，接头是否良好。

提示:

如果用损坏的采样管检查制冷循环系统，不仅会导致制冷剂的泄漏，严重时会使制冷剂喷出，伤害皮肤。

🌲 **第三步　仪器的连接与检测过程**

 1 检查车辆空调信息。

提示:

卡罗拉轿车空调信息在发动机舱盖内顶部的表面。该系统应使用 R134a 制冷剂。

2 将制冷剂鉴别仪挂在发动机舱盖的挂钩上。

连接电源。

提示：

（1）将电源插板放到汽车前翼子板附近处。

（2）连接仪器电源线。

 设备自动开机。

提示：

（1）仪器连接好以后，设备自动开机预热。红灯与绿灯同时亮起。

（2）在检测过程中，红灯为警示灯，表示检测的介质不合格。黄灯为工作正常灯，表示介质合格。

（3）预热时间为2min，2min后自动跳到下一步，显示"to set elevation press A and B"。

 同时按下A键和B键进行海拔的设定。

提示：

（1）以宁波地区为例，海拔设定为200ft（英尺），按A键加100ft（英尺），按B键减100ft（英尺）。

（2）设定完后自动退回到预热过程。

 连接R134a采样管。

提示：

（1）将采样管的螺纹与仪器（接口的螺纹）对齐。

（2）将采样管顺时针旋到仪器上。

7 拧开空调制冷循环系统的低压阀盖。

8 将低压阀盖放回到工具车上。

9 将快速接头逆时针旋到锁止状态。

10 脱开快速接头的自锁位置。

用大拇指顶住快速接头头部，食指和中指扣住检测接头的外侧卡箍位置。

11 将采样管与空调低压维修阀口连接。

将快速接头轻轻推入到低压维修阀上，同时松开食指和中指。

12 调节检测压力。

顺时针旋转快速接头上的压力调整按钮，调整压力为 $2\sim25\,lbf/in^2$（$1\,lbf/in^2=6.895\,kPa$）。

13 按 A 键进行样品检测。

样品检测中。

提示:

(1) 设备提示"SAMPLING IN PROGRESS"为样品检测中。

(2) 样品检测时间大约为30s。

 显示样品的类型和纯度。

提示:

(1) 第一页显示管路内含量最多的制冷剂含量百分比和AIR的纯度百分比。

(2) 同时显示本次检测的样品是否合格,合格显示"pass",若不合格显示"fail",同时亮起红灯。

(3) 设备检测出的样品纯度大于98%才会判定为合格的制冷剂。

 显示其他类型制冷剂的含量。

提示:

设备第二页显示R12的含量、R22的含量、HC的含量百分比。

 按B键退出,样品检测结束。

提示:

设备仅仅是检测空调采样管内的样品是何种类型的制冷剂,纯度是否合格。但该制冷剂是否适合该制冷系统需人为进行判定。

 记录设备检测数据。

提示:

记录的数据将对分析空调故障提供重要依据。

脱开采样管路。

提示:

(1) 先将快速接头阀门逆时针关闭。

(2) 用大拇指顶住快速接头头部,食指和中指扣住检测接头的外侧卡箍位置,脱开采样管。

 对高低压维修阀口进行电子检漏。

提示:

在实训操作中触碰过的空调维修阀口都要进行电子检漏,检查触碰过的高低压阀口是否密封良好。

第四步 整理工位

整理工位。

提示:

(1) 整理设备、工具。
(2) 整理、清洁汽车。
(3) 将汽车停入指定的位置。
(4) 将工具放回指定的位置。

(六) 考核标准

1 工作记录表

汽车制冷剂类型鉴别和纯度检测实训

汽车型号			学生姓名	
发动机型号			VIN 编号	
空调信息	制冷剂类型:	冷冻油型号:		加注量:
车辆制冷剂鉴别	成 分		检测数据	分 析

2 工作考评表

制冷剂进行纯度检测和类型鉴别作业考评表

考评人：　　　　　操作人：　　　　　日期：　　　　　时间：

考核时间	操作步骤	序号	考核项目	满分	评分标准	得分
20min	第一步 准备工作	1	着装规范	5	酌情扣分	
		2	作业前整理工位	5	酌情扣分	
	第二步 检查制冷剂鉴别仪的面板状况	3	对车辆制冷剂进行纯度检测和类型鉴别作业	4	检查不到位扣4分	
		4	根据车辆提示，本车应使用R134a制冷剂	4	工具选取不当扣4分	
		5	佩戴手套和护目镜	4	操作不当扣2分	
		6	记录	1	酌情扣分	
		7	打开仪器盒	1	酌情扣分	
		8	检查采样管是否有破损	2	酌情扣分	
		9	清洁采样接头	2	酌情扣分	
		10	检查仪器面板是否正常	2	酌情扣分	
		11	检查过滤器是否有红点	2	酌情扣分	
		12	检查采样进气口、出气口是否有堵塞	1	酌情扣分	
	第三步 仪器的连接与检测过程	13	安装仪器、接电源开机	1	操作不当扣2分	
		14	系统预热	2	酌情扣分	
		15	进行海拔设定	2	酌情扣分	
		16	系统标定	2	酌情扣分	
		17	拧开低压阀盖	2	酌情扣分	
		18	清洁低压阀口	2	清洁不到位扣2分	
		19	清洁仪器采样入口	2	清洁不到位扣2分	
		20	安装采样管	2	酌情扣分	
		21	将采样管快速接头旋至关闭位置	2	操作不当扣2分	
		22	安装快速接头	2	酌情扣分	
		23	调整压力 5～25lbf/in^2 之间	2	操作不当扣2分	
		24	按A键进行检测	2	酌情扣分	
		25	样品检测	2	酌情扣分	
		26	报读数	2	酌情扣分	
		27	作记录	2	酌情扣分	
	第四步 拆卸与清洁仪器	28	按B键推出	2	酌情扣分	
		29	关闭快速阀门	2	酌情扣分	
		30	脱开采样管快速接头	2	操作不当扣2分	
		31	清洁采样管接头	2	酌情扣分	
		32	清洁低压阀盖	2	酌情扣分	
		33	清洁低压阀口	2	酌情扣分	
		34	拧紧低压阀口	2	酌情扣分	
		35	给仪器断电	2	酌情扣分	
		36	清洁仪器采样口	2	清洁不到位扣2分	
		37	清洁整理工具	4	操作不当扣4分	

续上表

考核时间	操作步骤	序号	考核项目	满分	评分标准	得分
20min	其他	38	整理工作台	4	操作不当扣4分	
		39	安全操作	12	零件是否有跌落，若有，每次扣2分；工具是否有损坏，若有，每次扣2分；扣完为止	
		40	操作时间		每超时1min扣2分，超时5min终止考试	
		41	遵守相关安全规范		因违规操作造成人身和设备事故的，总分按0分计	
分 数 合 计				100	操作人实际得分	

项目 4　空调系统性能的压力测试作业

一　学习目标

1. 掌握空调压力表组的使用方法。
2. 能够独立、正确熟练地进行空调系统的压力测试，能够依据测试数据判断汽车空调故障。

二　情景导入

一辆卡罗拉轿车，装有 R134a 手动空调。据客户反映该车空调有间歇性不制冷的现象，该故障多出现在高速，怠速偶尔也出现，天气越热故障出现的频率越高，过一段时间后，空调又自动恢复正常，需要对其进行压力测试。

三　知识链接

当环境温度在 30℃ 左右时，空调系统在发动机 2000r/min 时，低压侧压力一般为 158～241kPa，高压侧压力为 1157～1481kPa。通过对汽车空调系统的压力测试，并将测量的数据与标准数据进行比较，可以判断被测车辆的空调系统的工作是否正常，并能对存在的空调系统的故障进行分析，确定维修方案。参见下表。

汽车空调制冷系统压力异常的原因和处理方法

序号	故障现象	可能的原因	故障排除
1	(1) 工作期间，在低压侧压力有时变成真空，有时正常； (2) 间歇性制冷，最后不制冷	进入系统内的水分在膨胀管口结冰，循环暂时停止，但是当冰融化后，系统又恢复到正常状态	(1) 更换储液干燥器； (2) 通过反复地抽出空气来清除系统中的水汽； (3) 注入适当数量新的制冷剂
2	(1) 高、低压侧的压力都偏低； (2) 在液窗出现连续的气泡； (3) 制冷效能不足	制冷系统内某些地方发生气体渗漏	(1) 用渗漏检测器检查，如有必要修复； (2) 充入适量制冷剂； (3) 接上表时，若压力为 0 左右，检修渗漏处，并将系统抽真空
3	(1) 在低压侧指示真空在高压侧指示压力太低； (2) 膨胀阀或储液干燥器前后的管子上有露水或结霜； (3) 不制冷或间歇制冷	(1) 系统有水分或污物阻塞制冷剂的流动； (2) 膨胀阀热传感器气体渗漏阻塞制冷剂流动	(1) 检查膨胀阀热传感器和蒸发器； (2) 用压缩空气清除膨胀阀内污物，若不能清除则更换膨胀阀； (3) 更换储液干燥器； (4) 抽去空气并充适量制冷剂。若传感器渗漏，则更换膨胀阀
4	(1) 在低压和高压侧压力都太高； (2) 即使发动机转数降低，通过液窗也见不到气泡； (3) 制冷不足	(1) 系统中制冷剂过量，不能充分发挥制冷效能； (2) 冷凝器散热不良	(1) 清洁冷凝器； (2) 检查风扇电动机的运转情况； (3) 检查制冷剂数量，充入适量的制冷剂
5	(1) 在低压和高压侧压力都太高； (2) 感觉低压管路是热的； (3) 在液窗中出现气泡； (4) 制冷不佳	制冷系统中有空气	(1) 检查压缩机油是否变脏或不足； (2) 排出空气并充入新的制冷剂

四 项目实施

（一）技术标准与要求

（1）实训操作过程中，确保人员及设备的操作安全。
（2）更换损坏部件时，请使用相同型号的零件。
（3）设备出现异常时，请参照设备使用说明书。

（二）实训时间

实训时间为20min。

（三）实训器材

护目镜

防护手套

清洁布

车辆防护设备

空调压力表组

（四）教学组织

❶ 教学组织形式

本课程为"工艺化"实训课，实训教师1名，学生18名，实训室共有3个实训工位，按照6人1个工位编组。

❷ 学生的站位分工和要求

学生按规定的工位站立，按教师的指令同时进行独立的操作。

❸ 实训教师职责

播放教学视频，并讲解实训项目的操作步骤和相关的注意事项；下达"开始操作"口令；巡视、检查、指导，纠正学生操作中的错误；课堂总结；组织学生对实训室进行清洁整理。

❹ 学生职责

认真观看教学视频；完成教师布置的任务；做好课后的清洁整理工作。

（五）操作步骤

🌲 第一步　作业前准备

 清洁、整理工位，准备工具和设备。

提示：

（1）准备车辆的安全防护设备。
（2）准备空调测试使用的空调压力表。

 学生列队站立在实训车辆两边。

提示：

学生应穿实训服，站到指定的工位进行学习。

3 安装汽车维修防护设备。

提示：

（1）安装尾气排气抽气管。
（2）安装车轮挡块。
（3）安装室内座椅套、转向盘套、地板垫。
（4）安装翼子板布、前格栅布。注意事项：操作时要启动汽车、打开空调，便于散热，所以需要把前格栅布掀起。

🌲 第二步　组装汽车空调压力表组

 佩戴橡胶手套和护目镜。

提示：

为了人身安全，必须在空调维护作业前佩戴安全防护设备。

拧开空调管路的高低压阀口保护盖。

提示:

(1) 分别用手逆时针拧下高低压阀盖,将高低压阀盖放在工具车上。
(2) 在拧开时注意不要将阀口保护盖掉落到发动机舱内部。

 清洁高、低压维修阀口。

提示:

用清洁布清洁高低压维修阀口。

4 将仪表悬挂在发动机舱盖挂钩上。

 确认高低压表组开关处于关闭位置。

提示:

(1) 高、低压表组两侧分别有两个手动阀开关。
(2) 逆时针旋转到底为关闭位置。

 确认高低压快速阀处于关闭位置。

提示:

(1) 高、低压快速阀分别有两个转阀开关。
(2) 逆时针旋转到底为关闭位置。

 清洁低压快速接头。

提示:

用清洁布对快速接头进行清洁,清洁后用高压气清洁效果更理想。

8 将低压快速连接阀（蓝色）与低压维修阀连接。

9 将高压快速连接阀（红色）与高压维修阀连接。

10 观察空调压力表组的高低压压力。

（1）此时观察的空调压力为静态压力。
（2）静态压力也可作为判断空调是否有故障的依据之一。

11 起动发动机。

（1）确保驻车制动器拉起。
（2）变速器操纵杆置于P挡位。

12 打开汽车空调。

（1）鼓风机挡位开关为1挡位置。
（2）按下空调A/C开关，指示灯为点亮状态。

13 观察空调压力表组上的高、低压压力显示。

（1）若空调系统压力正常，则歧管压力表读数：低压侧为0.15~0.25MPa，高压侧为1.37~1.57MPa。
（2）这里所显示的表压力为R134a空调系统，如果是R12空调系统，表显示压力均会稍低。
（3）若出现其他压力显示参照下图。

压力表的读数显示高压偏低,低压偏低。

提示:

(1) 说明制冷剂不足。如空调系统工作一段时间出现此现象,可能系统内某处出现泄漏,必须找出泄漏点并加以排除。

(2) 是压缩机工作不良所造成。应检查压缩机内阀片是否损坏,活塞及环是否磨损,并予以排除。

 压力表的读数显示高压偏高,低压偏高。

提示:

(1) 这可能是制冷剂过多引起,处理方法是,从低压侧逐渐放出一部分制冷剂,直到压力表指针显示规定压力为止。

(2) 冷凝器冷却不足,冷凝器散热片阻塞或风扇电动机故障。

 压力表的读数显示高压偏低,低压偏高。

提示:

这可能是由于压缩机故障、或阀门渗漏或损坏、零件滑落原因造成。

 压力表读数显示低压侧出现真空,高压侧压力过低。

提示:

这种情况多出在膨胀阀感热泡内的制冷剂完全泄漏,使膨胀阀内的小孔全部堵死,使制冷剂不环流,系统不能制冷。排除的办法是更换或拆修膨胀阀。

 发动机熄火。

提示:

回收设备前将发动机熄火。

断开空调表组与汽车空调的连接。

提示：

（1）先将红、蓝快速接口阀口逆时针关闭。
（2）脱开高、低维修阀口上的红、蓝快速接口。

 将空调压力表组内管路残余制冷剂释放到大气中。

提示：

（1）确保黄色管与空调压力表组中间管口连接正常。
（2）将黄色管另一端对着地面，注意不能对人或动物。
（3）慢慢旋开空调压力表组高压控制阀，使红色管内制冷剂释放到大气中。
（4）慢慢旋开空调压力表组低压控制阀，使蓝色管内制冷剂释放到大气中。

▲ 第三步 整理工位

整理工位。

提示：

（1）整理设备、工具。
（2）整理、清洁汽车。
（3）将汽车停入指定的位置。
（4）将工具放回指定的位置。

（六）考核标准

1 工作记录表

汽车空调压力检测记录表

汽车型号		学生姓名	
发动机型号		VIN 编号	
空调未工作		空调工作	
高压： MPa		高压： MPa	
低压： MPa		低压： MPa	
判断：		判断：	

2 工作考评表

汽车空调压力检测考评表

考评人：　　　　　操作人：　　　　　日期：　　　　　时间：

考核时间	操作步骤	序号	考 核 项 目	满分	评分标准	得分
20min	第一步 准备工作	1	着装规范	10	酌情扣分	
		2	作业前整理工位	10	酌情扣分	
	第二步 连接空调 压力表组	3	佩戴橡胶手套和护目镜	2	检查不到位扣2分	
		4	拧开空调管路的高低压阀口保护盖	2	酌情扣分	
		5	清洁高、低压维修阀口	2	操作不当扣2分	
		6	将仪表悬挂在发动机舱盖挂钩上	2	酌情扣分	
		7	确认高低压表组开关处于关闭位置	5	酌情扣分	
		8	确认高低压快速阀处于关闭位置	2	酌情扣分	
		9	清洁低压快速接头	2	清洁不到位扣2分	
		10	将低压快速连接阀（蓝色）与低压维修阀连接	2	酌情扣分	
		11	将高压快速连接阀（红色）与高压维修阀连接	2	酌情扣分	
	第三步 观察压力 表数据	12	观察空调压力表组的高低压压力	2	观察不到位扣2分	
		13	起动发动机、打开空调	2	酌情扣分	
		14	观察空调压力表组上的高、低压压力显示	5	酌情扣分	
		15	记录空调压力值	5	酌情扣分	
		16	对空调压力值做出判断	5	酌情扣分	
		17	发动机熄火	2	酌情扣分	
		18	断开空调表组与汽车空调的连接	5	操作不当扣2分	
		19	将空调压力表组内管路作环保处理	5	操作不当扣2分	
		20	清洁整理工具	8	操作不当扣4分	
	其他	21	整理工作台	8	操作不当扣4分	
		22	安全操作	12	零件是否有跌落，若有，每次扣2分；工具是否有损坏，若有，每次扣2分；扣完为止	
		23	操作时间		每超时1min扣2分，超时5min终止考试	
		24	遵守相关安全规范		因违规操作造成人身和设备事故的，总分按0分计	
分 数 合 计				100	操作人实际得分	

项目 5 汽车空调制冷系统的检漏作业

一 学习目标

1. 了解汽车空调制冷系统检漏设备的分类。
2. 掌握汽车空调制冷系统检漏设备的操作方法。

二 情景导入

一辆丰田卡罗拉轿车,半个月前进行过制冷剂补充作业,目前发现打开空调无冷风,用压力表测量后发现空调管路的静态压力不到 200kPa,判断为空调管路泄漏,需对空调管路进行泄漏检查。

三 知识链接

1 荧光检漏仪工作原理

在空调管路内注入一定量的荧光剂,荧光增白剂是一种荧光染料,也是一种复杂的有机化合物。它的特性是能使入射光线产生荧光,肉眼在荧光镜的辅助下能看到白色的物质,方便空调泄漏部位的检测,如下图所示。

荧光检漏仪

2 电子检漏仪工作原理

基于空气压差法的原理而开发的,基准物与被测工件两侧同时充入相同压力的空气,达到平衡,如果被测工件泄漏,平衡就被打破,这时差压传感器将信息经转换后显示出来。它能够在很短时间内测出工件的微小泄漏,用户可按照需要设定各项检验参数及判别标准,如下图所示。

电子检漏仪

四 项目实施

(一)技术标准与要求

(1) 确保操作人员及设备安全。
(2) 更换损坏部件时,请使用相同型号的零件。
(3) 设备出现异常时,请参照设备使用说明书。

(二)实训时间

实训时间为 20min。

(三) 实训器材

荧光检漏仪

电子检漏仪

荧光剂

荧光镜

防护手套

脸盆

(四) 教学组织

❶ 教学组织形式

本课程为"工艺化"实训课,实训教师 1 名,学生 18 名,实训室共有 3 个实训工位,按照 6 人 1 个工位编组。

❷ 学生的站位分工和要求

学生按规定的工位站立,按教师的指令同时进行独立的操作。

❸ 实训教师职责

播放教学视频,并讲解实训项目的操作步骤和相关的注意事项;下达"开始操作"口令;巡视、检查、指导,纠正学生操作中的错误;课堂总结;组织学生对实训室进行清洁整理。

❹ 学生职责

认真观看教学视频;完成教师布置的任务;做好课后的清洁整理工作。

(五) 操作步骤

🌲 第一步　作业前准备

1 清洁、整理工位,准备工具和设备。

提示:

(1) 准备车辆的安全防护设备。

(2) 准备空调测试实训使用设备:荧光检漏仪、电子检漏仪、脸盆、清水、荧光镜。

学生列队站立在实训车辆两边。

提示:

学生应穿实训服,站到指定的工位进行学习。

 安装汽车维修防护设备。

提示:

(1) 安装尾气排气抽气管。
(2) 安装车轮挡块。
(3) 安装室内座椅套、转向盘套、地板垫。
(4) 安装翼子板布、前格栅布。注意事项:操作时要启动汽车、打开空调,便于散热,所以需要把前格栅布掀起。

🌲 第二步 电子检漏仪设备检查

 检查设备外部情况。

提示:

检查管路是否破损,探头有无污染,面板是否完好。

 开机。

提示:

电源键用于打开和关闭仪器。

 电子检漏仪电池电量检查。

提示:

(1) 按下电池测试键,指示灯点亮的颜色表示着不同的电池电量。
(2) 显示电池电量,最左边的灯是常亮的,绿色表示电量充足,橙色表示不足,红色表示立即更换。

Green：绿色，Orange：橙色，Red：红色。

 电子检漏仪灵敏度调节。

提示：

（1）SENSITVITY 键为调高灵敏度按钮。
（2）向上调高灵敏度，向下调低灵敏度。
（3）灵敏度分为 7 个等级，灵敏度越高，LED 灯亮的数目越多，反之就越少。

 电子检漏仪泄漏等级显示。

泄漏等级显示泄漏的大小和强弱，显示绿色表明泄漏较少，橙色表明泄漏一般，红色表示泄漏很多。

 电子检漏仪静音键。

提示：

按下静音键后设备不再声音报警，而是 LED 灯闪烁。声音的大小反映出泄漏的多少和强弱（浓度）。

7 电子检漏仪重置键。

提示：

利用该键可以找到泄漏的源头。检测到泄漏时按下该键，设备会继续检测，当测出比原先浓度更大的泄漏点时会再次报警，这样一步步进行下去即可精确地找到泄漏的源头。

第三步 空调管路的泄漏检查（电子检漏）

 佩戴防护手套和护目镜。

提示：

为了保证人身安全，必须在空调维护作业前佩戴安全防护设备。

 拧开空调管路的高低压阀口保护盖。

提示：

阀口保护盖不要掉落到发动机舱内部。

 确认管路内压力大于350kPa。（已完成）

提示：

对空调管路进行泄漏检查前，必须确保管路内有一定量的制冷剂，否则即使空调管路存在泄漏，电子检漏仪也查不出泄漏点。

 电子检漏的方式。

提示：

因制冷剂的密度比空气大，当出现泄漏后会下沉，所以要在空调管路的下沿检查。

 泄漏时间检查。

提示：

电子检漏仪检测时需要一段自验过程，因此在每个被测部位需停留5~10s，否则就找不到泄漏点。

 检查空调管路的泄漏部位——检查空调高、低压维修阀口。

7 检查空调管路的泄漏部位——检查压力传感器。

8 检查空调管路的泄漏部位——检查空调膨胀阀进、出口。

9 检查空调管路的泄漏部位——检查空调压缩机进、出口。

10 检查空调管路的泄漏部位——检查空调冷凝器进、出口。

第四步 将荧光剂注入汽车空调制冷管路内

1 检查荧光注射枪。

提示：

（1）检查注射枪外观是否有损坏。
（2）检查注射枪是否活动自如。

2 检查注射管路是否破损。

3 检查注射管路上的快速接头有无堵塞。

提示：

用手去检查荧光检漏仪上的快速接头是否有卡滞。

 4 检查荧光灯是否可以正常点亮。

提示：

荧光灯对眼睛有伤害，禁止直接对眼睛照射。

 5 检查荧光剂是否破损。

提示：

新的荧光剂头部应有密封片，使用时才能将其揭去。

 6 将荧光枪推到最大位置。

提示：

一手向下拨动注射推杆上的锁销，另一只手将注射推杆向后拉到最极限位置。

7 佩戴空调防护手套。

 8 将荧光剂安装到注射枪。

提示：

安装时，先将荧光剂对准荧光注射枪头部的卡槽内，然后逆时针旋入。

将荧光剂上的密封片揭去。

提示:

此时应将荧光剂头部朝上放置,避免荧光剂流出。

 将注射软管安装到荧光注射枪头部。

提示:

固定荧光注射枪,将注射软管对准卡槽后逆时针旋入。

11 将空调低压阀盖旋开。

12 将空调高压阀盖旋开。

 将注射软管上的快速接头安装到空调的低压维修阀。

提示:

安装方法参照空调制冷剂鉴别仪的安装方法。

14 使用注射枪向空调制冷管路内注射一格荧光剂量。

提示:

荧光剂是一种污染源,因此不能在空调管路内注射过量的荧光剂。

15 将注射软管从空调低压维修阀口上取下。

16 在汽车底部放置一小盆清水。

提示：

目的是为了检测空调蒸发器部件是否有泄漏。

17 启动空调。

提示：

启动空调，运行3~5min，便于荧光剂和制冷剂充分地混合，散布在空调的各个部件中，如果出现泄漏点，荧光剂会随制冷剂一起流出空调管路，便于我们检查。

18 关闭空调，熄火。

第五步　荧光泄漏检查

1 佩戴荧光镜。

提示：

戴上荧光镜后可以明显地看到荧光剂。

2 检查压缩机部件是否有泄漏。

提示：

（1）应在压缩机的进气管接头、出气管接头处检查是否有泄漏，灯光照射的地方是否有蓝色的荧光。

（2）若照射的部位出现蓝色的荧光时说明该部位有泄漏，否则无泄漏。

3 检查压缩机到冷凝器之间的管路是否有泄漏。

提示：

（1）将荧光灯沿着压缩机到冷凝器之间的管路照射，检查照射的管路或管接头处是否有蓝色的荧光。

(2)若照射的部位出现蓝色的荧光时说明该部位有泄漏,否则无泄漏。

 检查冷凝器到膨胀阀之间的管路、接头是否有泄漏。

提示:

(1)将荧光灯沿着冷凝器到膨胀阀之间的管路、接头照射,检查照射处的管路、接头是否有蓝色的荧光。

(2)若照射的部位出现蓝色的荧光时说明该部位有泄漏,否则无泄漏。

 检查蒸发器出口到压缩机之间的管路、接口。

提示:

(1)将荧光灯沿着蒸发器出口到压缩机之间的管路、接口照射,检查照射处的管路、接头是否有蓝色的荧光。

(2)若照射的部位出现蓝色的荧光时说明该

部位有泄漏,否则无泄漏。

 检查蒸发器部件。

提示:

因为蒸发器部件位置比较隐蔽,不容易看到,所以在运转前将一小盆清水放置在车底出空调水的地方,先将空调水取出,用荧光灯照射流出来的空调水,若空调水有荧光,说明蒸发器油泄漏,反之则无泄漏。

 记录数据。

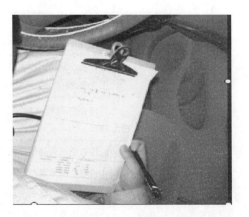

第六步 整理工位

整理工位。

提示：

(1) 整理设备、工具。
(2) 整理、清洁汽车。
(3) 将汽车停入指定的位置。
(4) 将工具放回指定的位置。

（六）考核标准

1 工作记录表

汽车空调制冷系统检漏记录表

汽车型号		学生姓名	
发动机型号		VIN 编号	
工作情况记录 1. 检漏部位： 2. 检漏结果：			

2 工作考评表

汽车空调制冷系统检漏考评表

考评人：　　　　操作人：　　　　日期：　　　　时间：

考核时间	操作步骤	序号	考核项目	满分	评分标准	得分
20min	第一步 准备工作	1	着装规范	3	酌情扣分	
		2	作业前整理工位	3	酌情扣分	
	第二步 电子检漏	3	电子检漏	1	酌情扣分	
		4	检查外观情况	1	检查不到位，分数全扣	
		5	检查电量	1	酌情扣分	
		6	佩戴橡胶手套和护目镜	4	酌情扣分	
		7	拧开空调管路的高低压阀口保护盖，确认管路内压力大于 350kPa（已完成）	4	酌情扣分	
		8	检查空调管路的泄漏部位——检查空调高、低压维修阀口	4	检查不到位，分数全扣	
		9	检查空调管路的泄漏部位——检查压力传感器	4	检查不到位，分数全扣	
		10	检查空调管路的泄漏部位——检查空调膨胀阀进、出口	4	检查不到位，分数全扣	
		11	检查空调管路的泄漏部位——检查空调压缩机进、出口	4	检查不到位，分数全扣	
		12	检查空调管路的泄漏部位——检查空调冷凝器进、出口	4	检查不到位，分数全扣	

续上表

考核时间	操作步骤	序号	考核项目	满分	评分标准	得分
20min	第三步 荧光检漏	13	荧光检漏	1	酌情扣分	
		14	检查荧光注射枪及外观状况	1	酌情扣分	
		15	将注射软管上的快速接头安装到空调的低压维修阀上	1	酌情扣分	
		16	使用荧光注射枪向空调制冷管路内注射一格荧光剂量	2	酌情扣分	
		17	起动发动机	2	酌情扣分	
		18	打开空调 运行3~5min,熄火	5	酌情扣分	
		19	佩戴荧光镜进行检查	4	酌情扣分	
		20	检查空调管路的泄漏部位——检查空调高、低压维修阀口	4	检查不到位,分数全扣	
		21	检查空调管路的泄漏部位——检查压力传感器	4	检查不到位,分数全扣	
		22	检查空调管路的泄漏部位——检查空调膨胀阀进、出口	4	检查不到位,分数全扣	
		23	检查空调管路的泄漏部位——检查空调压缩机进、出口	4	检查不到位,分数全扣	
		24	检查空调管路的泄漏部位——检查空调冷凝器进、出口	4	检查不到位,分数全扣	
		25	检查蒸发器部件	4	检查不到位,分数全扣	
		26	记录数据	5	酌情扣分	
	其他	27	清洁整理工具	4	操作不当扣4分	
		28	整理工作台	4	操作不当扣4分	
		29	安全操作	10	零件是否有跌落,若有,每次扣2分;工具是否有损坏,若有,每次扣2分;扣完为止	
		30	操作时间		每超时1min扣2分,超时5min终止考试	
		31	遵守相关安全规范		因违规操作造成人身和设备事故的,总分按0分计	
分 数 合 计				100	操作人实际得分	

项目 6　汽车空调制冷剂的回收、抽真空、加注作业

一　学习目标

1. 了解制冷剂回收的目的。
2. 掌握制冷剂回收与加注的工艺规范和操作方法。

二　情景导入

一辆卡罗拉 GL 轿车，制冷效果不佳，经检查：空调制冷系统制冷剂量不足，需要补充。

三　知识链接

在车用制冷剂中，尤其是 R12 是一种不易分解、稳定性很强的物质，若排放到大气中会对大气中的臭氧层形成永久性的破坏。臭氧层损耗会造成强紫外线照射导致以下几种危害：损伤眼角膜和晶状体，引起白内障等疾病的发生；诱发皮肤癌与皮肤疾病并且使人体免疫能力降低；过量的紫外线辐射会使植物的生长和光合作用受到抑制，使农作物减产；浅海中的浮游生物数量减少，直接导致鱼类及贝类的产量减少，从而损害整个水生生态系统。

目前许多维修店在修理汽车空调制冷管路时，都存在把原车内部的制冷剂排放到大气中，这将导致大气的臭氧层受到越来越严重的破坏，加剧环境的恶化。制冷剂回收加注机能够完成车辆制冷剂的回收、再生、充注和检漏操作。制冷剂回收加注机的性能优势主要体现在以下几个方面：制冷剂回收率超过 97%，旧的制冷剂自动再生，降低维修成本；制冷剂回收加注机内部包含多种车型空调数据，制冷剂、冷冻油加注量不会出错；使过去空调维修工艺得到简化，提高维修的效率。

四　项目实施

（一）技术标准与要求

（1）确保操作人员及设备安全。
（2）实训车辆使用 R134a 制冷剂，冷冻油的型号为聚烯基乙二醇（PAG）。
（3）对废弃的冷冻油作环保处理。
（4）设备出现异常时，请参照设备使用说明书。

（二）实训时间

实训时间为 20min。

（三）实训器材

车辆：实训卡罗拉轿车 1 辆。

汽车空调制冷剂的回收、抽真空、加注作业 项目6

AC350 回收加注机

R134a 制冷剂

冷冻油

护目镜

防护手套

清洁布

（四）教学组织

1 教学组织形式

本课程为"工艺化"实训课，实训教师1名，学生18名，实训室共有3个实训工位，按照6人1个工位编组。

2 学生的站位分工和要求

学生按规定的工位站立，按教师的指令同时进行独立的操作。

3 实训教师职责

播放教学视频，并讲解实训项目的操作步骤和相关的注意事项；下达"开始操作"口令；巡视、检查、指导和纠正学生操作中的错误；课堂总结；组织学生对实训室进行清洁整理。

4 学生职责

认真观看教学视频；完成教师布置的任务；做好课后的清洁整理工作。

（五）操作步骤

🌲 第一步　作业前准备

 清洁、整理工位，准备工具和设备。

提示：

(1) 准备车辆的安全防护设备。
(2) 准备护目镜、清洁布和防护手套。
(3) 准备回收加注机（型号为AC350）。

学生列队站立在实训车辆两边。

提示：

学生应穿实训服，站到指定的工位进行学习。

 安装汽车维修防护设备。

提示：

（1）安装尾气排气抽气管。
（2）安装车轮挡块。
（3）安装室内座椅套、转向盘套、地板垫。

第二步 制冷剂鉴别已完成（符合回收标准）

对本车空调管路现有制冷剂进行鉴别。

提示：

（1）鉴别流程参照本教材制冷剂的纯度和类型鉴别篇章。
（2）如果检测制冷剂的纯度大于98%，为单一的制冷剂R134a，就判定为合格的制冷剂，无须净化可以回收。
（3）否则就不能直接回收，另作环保处理。

第三步 AC350仪器的检查与空调管路的连接

1 AC350的面板检查。

提示：

（1）检查仪器面板上仪表、显示屏、按键是否正常，有无破损。
（2）检查面板上高低压阀门是否处于关闭位置。
（3）检查罐内制冷剂压力是否在700kPa以上。

项目 6 汽车空调制冷剂的回收、抽真空、加注作业

2 检查高、低压软管。

提示:

（1）检查高低压软管是否有裂纹或破损情况。
（2）检查快速接头是否处于关闭位置。

3 检查注油瓶内的冷冻油是否清洁、充足。

提示:

（1）若注油瓶中的冷冻油不足 1/4 时，请及时补充。
（2）若冷冻油长时间不用，应及时处理，下次使用时请更换新的冷冻油。

4 检查排油瓶内的冷冻油是否过满。

提示:

若排油瓶中的冷冻油超过 3/4 时，对排油瓶中的冷冻油作环保处理。

5 开机。

提示:

（1）将 AC350 型回收加注机推到发动机舱右侧，离车 1m 左右的距离。
（2）连接 AC350 型回收加注机电源线。
（3）打开面板上的电源开关键。

6 排气。

提示:

（1）按下操作面板中的排气键，排除管路内气体。
（2）听到工作罐有排气的声音，说明排气成功。

7 记录罐内制冷剂量。

提示:

（1）观察显示屏中剩余制冷剂量数值。
（2）记录剩余制冷剂量。
（3）若罐内制冷剂量少于 3kg，则要进行补充。

佩戴防护设备。

提示:

佩戴橡胶防护手套和护目镜,在空调维修时,若制冷剂发生大量泄漏时保护操作人员人身安全。

 取下高、低压阀盖。

提示:

(1) 分别用手逆时针拧下高、低压阀盖,将高、低压阀盖放在工具车上。

(2) 在拧开时注意不要将阀口保护盖掉落到发动机舱内部。

 清洁高、低压阀口。

提示:

用清洁布清洁高、低压维修阀口。

 连接低压快速接头。

提示:

(1) 从回收加注机侧面取下低压快速接头并安装在空调制冷管路的低压阀口上。

(2) 顺时针慢慢拧开低压快速接头阀门,观察到低压表有压力指示时,继续拧阀门直到完全打开为止。

(3) 在安装低压快速接头后,轻轻拉动快速接头,确保快速接头安装可靠。

 连接高压快速接头。

提示:

(1) 从回收加注机侧面取下高压快速接头并安装在空调制冷管路的高压阀口上。

(2) 顺时针慢慢拧开高压快速接头阀门,观察到高压表有压力指示时,继续拧阀门直到完全打开为止。

(3) 在安装高压快速接头后,轻轻拉动快速接头,确保快速接头安装可靠。

13 查看回收加注机上的压力显示。

提示:

(1) 此时观察的空调压力为静态压力,可以判断空调回收加注机红、蓝管路与车是否连接正常。

(2) 静态压力也可作为判断空调是否有故障的方法之一。

第四步 回收制冷剂

 将汽车空调运行 3~5min。

提示:

(1) 起动发动机,打开汽车空调。
(2) 使汽车空调运行 3~5min。
(3) 运行空调时,将发动机转速保持在 1500~2000r/min。

 关闭汽车空调,将发动机熄火。

提示:

发动机熄火后等待 30s 后再进行回收作业。

 点击操作面板上的"回收"按钮。

提示:

(1) 制冷剂回收未达到 -68.95kPa 压力时,无法进行抽真空作业。

(2) 回收时如果低压表指针降到(负)-68.95kPa 超过 10s 不及时停机,将损坏压缩机。

4 打开面板上的低压手动阀和高压手动阀。

按下"开始/确认"键开始回收。

提示:

(1) 管路自清理1min自动进行。
(2) 管路清理完成后自动开始回收制冷剂。

 按下"停止/取消"键停止回收。

提示:

回收的标准是低压表指针降到(负)-68.95kPa 后等待5~10s按下"停止/取消"键停止回收。

 排油。

提示:

(1) 当操作界面出现"下一步,排油"时,按下面板上的"开始/确认"键,开始排油。
(2) 排油完成后,等待30s的时间,记录排油量。
(3) 排油量的计算方式是排出后的瓶内油量减去排油之前的瓶内原有油量。
(4) 记录排油量的正确方法是与液位保持水平。

🌲 第五步 抽 真 空

 选择"抽真空"功能。

提示:

(1) 按下面板上的"抽真空"键。
(2) 制冷剂回收没有降到0kPa压力以下时无法进行抽真空作业。

 设定第一次抽真空的时间。

提示:

进行时间设定,按下数字键,设定第一次抽真空时间为3min。

打开仪器面板上高低压阀。

提示：

在抽真空过程中，如果出现压力指针一直不能到负值黑色区域，应立即停止抽真空程序，避免损坏压缩机。

 抽真空操作。

提示：

（1）按下"开始/确认"键。
（2）3min后，系统抽真空会自动停止。
（3）观察面板上的高低压表是否降到 -90kPa。

5 关闭仪器面板上的低高压阀。

 保压。

提示：

（1）当操作界面出现"下一步，保压"，按下绿色"开始/确认"键，开始保压。
（2）保压时间1min后自动结束，保压时间是自动进行的，但需要人工观察压力表的显示，若在1min内出现高低压压力有明显回升，则表明系统有泄漏，若有细微回升，则表明系统内还有空气，需要再次抽真空。

 加注冷冻油。

提示：

（1）打开高压阀，关闭低压阀。
（2）冷冻油为液体，所以要从高压管注入。
（3）注油瓶油量至少高出注油量20mL，防止空气进入。

提示：

当操作界面出现"下一步，注油"，按下绿色"开始/确认"键，开始注油。

提示：

（1）按经验公式，设定注油量为排出量加20mL，按下绿色"开始/确认"键进行注油。

（2）当注油瓶内的液位接近设定的注油量时，按下绿色"开始/确认"键停止注油。按下红色"取消"键，返回原始界面。

 关闭仪器面板上的高低压阀。

 选择第二次抽真空功能。

提示：

再次按下面板上的"抽真空"键，进行第二次抽真空。

提示：

（1）关闭仪器面板上高压阀，打开低压阀。

（2）第二次抽真空要从低压管抽真空，因为冷冻油是从高压管注入，如果从低压管抽真空，要把之前的冷冻油抽回到机器内部。

 设定第二次抽真空时间。

提示：

设定抽真空时间为5min。

 进行第二次抽真空。按下绿色"开始/确认"键，开始抽真空。

提示：

（1）5min后，系统抽真空自动停止。

（2）在抽真空过程中，如果出现压力指针一直不能到负值黑色区域，应立即停止抽真空程序，避免损坏压缩机。

提示：

（1）关闭仪器面板上的高低压阀。
（2）观察面板上的高低压表是否在 –90kPa。

第六步　充注制冷剂与设备管路自清理

 查看维修手册，查阅制冷剂的型号和充注量。

 点击操作面板上的"充注"键。

 用数字键设定充注量。

提示：

（1）根据维修提示，卡罗拉轿车充注量为 0.450kg，充注后加注机软管内会剩余 0.045kg，所以设定的充注量为 0.495kg。

（2）用面板上的数字键进行选择。

 打开面板高压阀，关闭低压阀。

 打开高压阀门，关闭低压阀和管路上的低压快速接头阀门。

按下绿色"开始/确认"键，自动开始按量充注。

> 提示：
>
> 若界面上提示"充注缓慢"，说明罐内制冷剂压力不足，应该停止充注，对罐内制冷剂进行补充（或自循环）后再进行充注。

 取下高、低压快速管接头。

> 提示：
>
> （1）取下后，清洁高、低压快速接头。
> （2）将高、低压软管安装在回收加注机机体上。

7 充注完成后，关闭仪器面板上的高低压阀。

 点击界面出现"下一步，管路清理"，按下绿色"开始/确认"键，开始管路清理。

> 提示：
>
> 打开面板上的高、低压阀门。

 关闭高、低压快速管接头阀门。

> 提示：
>
> 将高、低压快速管接头阀门逆时针拧到底。

 使用电子检漏仪（RA007）对高、低压阀口进行检漏。

> 提示：
>
> （1）灵敏度调整到第三格位置。
> （2）检查高压维修阀口与低压维修阀口有无泄漏。电子检漏探头离阀口的距离应小于30mm（探头不要碰到接口）。
> （3）沿管路下沿检查。

12 还原设备。

提示:

(1) 管路清理完成后,关闭高、低压阀。按下红色"取消"键,退回到初始界面。

(2) 清洁回收加注机,将回收加注机推放到指定位置。

🌲 第七步 整理工位

整理工位。

提示:

(1) 整理设备、工具。
(2) 整理、清洁汽车。
(3) 将汽车停入指定的位置。
(4) 将工具放回指定的位置。

(六)考核标准

1 工作记录表

空调制冷剂回收、抽真空、加注作业记录表

汽车型号		学生姓名	
发动机型号		VIN 编号	
步 骤	作 业 项 目	数 据 结 果	
1. 初抽真空	抽真空时间设定		
	抽真空结果		
2. 保压	保压后真空度		
	结果判断		
3. 注油	排出油量		
	注油瓶的油量		
	设定注油量		
	实际注油量		
4. 抽真空	抽空时间设定		
	抽真空结果		
5. 定量加注制冷剂	加注量设定		
	加注结果		
6. 管路回收	管路回收结果		

2 工作考评表

空调制冷剂回收、抽真空、加注作业考评表

考评人：　　　　　操作人：　　　　　日期：　　　　　时间：

考核时间	操作步骤	序号	考核项目	满分	评分标准	得分
20min	第一步 准备工作	1	着装规范	4	酌情扣分	
		2	作业前整理工位	4	酌情扣分	
	第二步 AC350型 回收加注 机的检查 与空调管 路的连接	3	设备的检查与连接	1	酌情扣分	
		4	检查仪器面板上仪表、显示屏、按键是否正常，有无破损。检查面板上高低压阀门是否处于关闭位置。检查罐内制冷剂压力是否在700kPa以上	2	检查不到位扣2分	
		5	检查高低压软管接头处是否连接正常，快速接头是否处于关闭位置	3	检查不到位扣2分	
		6	检查注油瓶内的冷冻油是否清洁、充足	3	检查不到位扣2分	
		7	检查排油瓶内的冷冻油是否过满	3	检查不到位扣2分	
		8	将AC350型回收加注机推到发动机舱右侧，离车1m左右的距离。连接AC350电源线，打开面板上的电源开关键	1	酌情扣分	
		9	按下操作面板中的"排气"键，排除管路内气体	1	酌情扣分	
		10	佩戴橡胶手套和护目镜	2	酌情扣分	
		11	连接低压快速接头，连接高压快速接头	1	酌情扣分	
		12	观察显示屏中剩余制冷剂量	1	酌情扣分	
		13	记录剩余制冷剂量	1	酌情扣分	
	第三步 回收制冷 剂过程	14	回收过程	1	酌情扣分	
		15	检查驻车制动器和挡位	1	酌情扣分	
		16	起动发动机、打开空调运行3~5min	2	酌情扣分	
		17	点击操作面板上的"回收"按钮。打开面板上的高、低压手动阀	2	检查不到位扣2分	
		18	按下"开始/确认"键开始回收。管路自清理1min自动进行	3	检查不到位扣2分	
		19	回收的标准是低压表指针降到（负）-69.85kPa后等待5~10s按下"停止/取消"键停止回收	2	操作不到位，分数全扣	
		20	关闭面板上的高、低压手动阀	2	酌情扣分	
	第四步 排泄冷冻 油过程	21	排油过程	1	酌情扣分	
		22	当操作界面出现"下一步，排油"时，按下面板上的"开始/确认"键，开始排油	1	操作不到位，分数全扣	
		23	排油完成后，等待30s的时间，记录排油量	1	酌情扣分	
		24	排油量的计算方式是排出后的瓶内油量减去排油之前的瓶内原有油量	1	检查不到位扣4分	
	第五步 系统抽真 空过程	25	第一次抽真空	1	酌情扣分	
		26	当操作界面出现"下一步，抽真空"时，按下数字键，设定第一次抽真空时间为3min，打开仪器面板上高低压阀	1	操作不到位，分数全扣	
		27	按下"开始/确认"键，开始抽真空，3min后，系统抽真空会自动停止	1	操作不到位，分数全扣	
		28	关闭仪器面板上的高低压阀，观察面板上的高低压表是否在-90kPa	1	酌情扣分	

续上表

考核时间	操作步骤	序号	考核项目	满分	评分标准	得分
20min	第五步 系统抽真空过程	29	注油过程	1	酌情扣分	
		30	打开高压阀，关闭低压手动阀	1	酌情扣分	
		31	当操作界面出现"下一步，注油"，按下绿色"开始/确认"键，开始注油	1	酌情扣分	
		32	垂直观察冷冻油的下降量，按经验公式设定注油量为排出量+20mL，按下"开始/确认"键进行注油	1	酌情扣分	
		33	当注油瓶内的液位接近设定的注油量时，按下绿色"开始/确认"键停止注油。按下红色"取消"键，返回原始界面	1	操作不到位，分数全扣	
		34	关闭仪器面板上高压阀，打开低压阀	1	酌情扣分	
		35	按下"抽真空"键，设定抽真空时间为5min	1	检查不到位，分数全扣	
		36	按下绿色"开始/确认"键，开始抽真空。5min后，系统抽真空自动停止	1	酌情扣分	
		37	观察面板上的高低压表是否在-90kPa，关闭仪器面板上的高低压阀	3	检查不到位全扣	
		38	当操作界面出现"下一步，保压"，按下绿色"开始/确认"键，开始保压。保压时间1min	2	检查不到位，分数全扣	
	第六步 充注制冷剂过程	39	系统充注与管路清理	1	酌情扣分	
		40	查看维修手册，查阅制冷剂的型号和充注量	1	酌情扣分	
		41	当操作界面出现"下一步，充注"，用数字键设定充注量	1	操作不到位，分数全扣	
		42	打开面板高压阀，关闭低压阀	1	酌情扣分	
		43	关闭管路上的低压快速接头阀门，确认高压管上快速阀门处于打开位置	1	酌情扣分	
		44	按下绿色"开始/确认"键，自动开始按量充注	2	操作不到位，分数全扣	
		45	充注完成后，关闭仪器面板上的高低压阀	2	检查不到位扣2分	
		46	将高压快速管接头阀门逆时针拧到底，关闭高压快速管接头	2	酌情扣分	
		47	将快速管接头从高压阀口处取下，将快速管接头从低压阀口处取下	2	酌情扣分	
		48	打开面板上的高低压阀门	2	酌情扣分	
		49	点击界面出现"下一步，管路清理"，按下绿色"开始/确认"键，开始管路清理	2	酌情扣分	
		50	对高低压维修阀口进行电子检漏	2	酌情扣分	
	其他	51	整理工作台	8	操作不当扣4分	
		52	安全操作	12	零件是否有跌落，若有，每次扣2分；工具是否有损坏，若有，每次扣2分；扣完为止	
		53	操作时间		每超时1min扣2分，超时5min终止考试	
		54	遵守相关安全规范		因违规操作造成人身和设备事故的，总分按0分计	
分 数 合 计				100	操作人实际得分	

项目 7　汽车空调的竣工检查作业

一　学习目标

1. 学会空调故障诊断仪的正确使用方法。
2. 掌握空调故障诊断仪数据判断故障的性能方法。

二　情景导入

空调维修后，要竣工检查，检验空调是否能正常工作。

三　知识链接

（1）制冷系统的维修离不开温度、压力和湿度的对比关系，目前市场上绝大多数的空调检修设备都是采集单一的某个信号，维修方法不全面。空调故障诊断仪采集的是 6 个温度信号、2 个压力信号和 2 个湿度信号，这些采集的信号输入设备后对比仪器内部程序中已设定合格的空调检修程序，分析判断空调是否合格，若不合格，给出大致的维修范围，缩短维修时间，提高维修效率，如下图所示。

空调诊断仪位置连接图如下图所示。

空调诊断仪位置连接图

空调诊断仪部件组成图

（2）空调诊断仪使用的作业流程。空调故障诊断仪是依据环境温度、湿度及空调工作时的各管路部件的温度和内部高低压力的参数，得出合理的诊断结果。

空调诊断仪使用的作业流程如下图所示。

空调诊断仪使用的作业流程

（3）空调诊断仪各传感器在实车上连接位置，见下表。

各传感器在实车上测量位置

项 目	测量部位	测量元件	无 线/有 线
低压测制冷剂压力	低压维修接口	低压快速连接器（蓝色）	有线
高压侧制冷剂压力	高压维修接口	高压快速连接器（红色）	有线
冷凝器入口温度	冷凝器入口金属管路	TK1 探针（红色）	有线
冷凝器出口温度	冷凝器出口金属管路	TK2 探针（黄色）	有线
蒸发器入口温度	蒸发器入口金属管路	TK3 探针（黑色）	有线
蒸发器出口温度	蒸发器出口金属管路	TK4 探针（蓝色）	有线
环境温度和相对湿度	距车辆2m 部位	THR 传感器	无线
出风温度和相对湿度	中央出风口部位	THR 传感器	无线
制冷剂压力信号	压力传感器的信号线	HP1000 电缆（选装）	有线
车辆电源	车辆供电电压	CRCO PSA 电缆（选装）	有线

四 项目实施

（一）技术标准与要求

（1）注意操作人员及设备安全。
（2）设备出现异常时，请参照设备使用说明书解决。

（二）实训时间

实训时间为20min。

（三）实训器材

空调诊断仪

护目镜

防护手套

清洁布

电子检漏仪

(四)教学组织

1 教学组织形式

本课程为"工艺化"实训课,实训教师1名,学生24名,实训室共有6个实训工位,按照4人1个工位编组。

2 学生的站位分工和要求

学生按规定的工位站立,按教师的指令同时进行独立的操作。

3 实训教师职责

播放教学视频,并讲解实训项目的操作步骤和相关的注意事项;下达"开始操作"口令;巡视、检查、指导,纠正学生操作中的错误;课堂总结;组织学生对实训室进行清洁整理。

4 学生职责

认真观看教学视频;完成教师布置的任务;做好课后的清洁整理工作。

(五)操作步骤

🌲 第一步 作业前准备

 学生清洁、整理工位,准备好相关的工具和物品。

提示:

本次操作学生需要的设备有车轮挡块、室内三件套、翼子板布、防护手套、护目镜、空调故障诊断仪。

 学生列队站立在实训车辆两边。

提示:

学员应穿实训服,站到指定的工位进行学习。

 安装汽车维修防护设备。

提示:

(1) 安装尾气排气抽气管。
(2) 安装车轮挡块。
(3) 安装室内座椅套、转向盘套、地板垫。

第二步 连接空调故障诊断仪

 检查空调诊断仪部件是否齐全。

提示:

部件包括主机、温湿度传感器（THR）、高低压力传感器、4个温度传感器、电源连接线。

 检查主机面板是否损坏。

提示:

（1）检查显示屏是否破裂、损坏。
（2）检查各按键是否正常。
（3）若有损坏请返厂维修。

 检查高低压传感器及温度测试线测试端口是否有损坏。

提示:

（1）各测试端口是否有破损或异物堵塞。
（2）各端口是否有晃动或损坏。

（3）若有损坏请返厂维修。

 检查高低压传感器线束是否有损坏。

提示:

（1）快速接头是否正常。
（2）线束插头是否有松动或弯曲。
（3）若有损坏请返厂维修。

 检查温度传感器线束是否正常。

提示:

（1）检查温度传感器探头是否正常。
（2）检查线束是否有破损或弯曲变形。
（3）若有损坏请返厂维修。

检查 THR 传感器。

提示：

(1) 检查 THR 传感器外观是否完整。
(2) 检查传感器卡口是否有破损或断裂。
(3) 若有损坏请返厂维修。

 连接高低压传感器和温度传感器。

提示：

(1) 线束和仪器本身的缺口卡槽对准。
(2) 顺时针旋转线束头部锁止装置，使其安装可靠。
(3) 轻轻拉线束，确保线束连接正常。

 连接温度测试线。

提示：

确保安装的温度测试线颜色和仪器底部卡槽颜色一致。

9 将空调故障诊断仪悬挂在发动机舱盖上的挂钩上。

10 拧下高、低压维修阀保护盖。

提示：

在拧下保护盖后要拿稳，以防保护盖掉落到发动机舱内。

11 清洁高、低压维修阀口。

项目 7 汽车空调的竣工检查作业

12 清洁高压传感器。

13 将高压传感器连接到高压维修阀口上。

 提示：

连接压力传感器之前，确认快速阀门处于关闭位置。

14 打开高压快速阀阀门。

 提示：

顺时针旋转阀门到最大开度，使内部制冷剂与压力传感器连通。

15 将低压传感器连接到低压维修阀上。

 提示：

（1）类同连接高压传感器，连接压力传感器之前，确认快速阀门处于关闭位置。
（2）清洁低压阀口。
（3）清洁低压传感器。
（4）将低压传感器连接到低压维修阀上。

16 打开低压快速阀阀门。

 提示：

顺时针旋转阀门到最大开度，使内部制冷剂与压力传感器连通。

17 将 TK1 温度传感器（红色）连接到冷凝器进口的金属管路上。

 提示：

（1）温度传感器内部有热敏电阻，测量时注意要与金属部件接触才能得到温度数据。

（2）测试线束避免接触到高温部件。

 将TK2温度传感器（黄色）连接到冷凝器出口的金属管路上。

提示：

（1）温度传感器内部有热敏电阻，测量时注意要与金属部件接触才能得到温度数据。

（2）测试线束避免接触到高温部件。

 将TK3温度传感器（黑色）连接到膨胀阀进口的金属管路上。

提示：

（1）温度传感器内部有热敏电阻，测量时注意要与金属部件接触才能得到温度数据。

（2）测试线束避免接触到高温部件。

 将TK4温度传感器（蓝色）连接到蒸发器出口的金属管路上。

提示：

（1）温度传感器内部有热敏电阻，测量时注意要与金属部件接触才能得到温度数据。

（2）测试线束避免接触到高温部件。

 整理测试线束。

第三步 测试汽车空调效果

 诊断仪开机。

提示：

长按"开机"键2s，设备自动开机；再长按"开机"键2s，设备自动关机。

 空调诊断仪目录介绍。

提示：

（1）主页上有三项显示窗口"空调诊断菜单"、"存储器菜单"、"系统设置菜单"。

（2）"存储器"菜单显示上几次测试的结果数据。

（3）"系统设置菜单"内有设备语言选择、日期选择等项目。设备没有汉字化，没有中文显示。

 选择空调诊断菜单。

提示：

用光标键选择"空调诊断菜单"菜单，按下"确认"键进入下一级子目录。

 选择测量模式。

提示：

本次教学选用的是测量模式。按下"确认"键键入下一节子目录。

效率菜单
自动诊断菜单
控制菜单
测量菜单

 选择汽车空调的配置类型。

提示：

（1）根据本实训车维修手册提示，本车使用：线性压力传感器、变排量压缩机、膨胀阀式膨胀阀、双维修阀。

（2）若需要更改系统内默认的配置类型，用光标键进行选择，然后按下"确认"键。

维修接口阀门（两阀：低压阀或高压阀）
压力传感器类型（线性或机械）
空调压缩机类型（可变或定排量）
膨胀装置类型（膨胀阀或节流管）

采集环境温度和湿度信号。

提示:

(1) 将THR传感器离车2m外。

(2) 长按THR传感器的按钮2s,将环境温度和湿度信号无线传送给诊断仪主机。

(3) 查看数据是否传送到诊断仪显示屏中。

 诊断仪显示环境温度和湿度信号。

提示:

(1) THR传感器传送的一个区域的环境温度和湿度,所以测量点应该避免高温干扰区域。

(2) 手持区域尽量避开THR传感器的信号采集点。

(3) 若THR传感器发送给主机的环境温度低于15℃,诊断仪默认不允许进入下一步测试。

 根据诊断仪提示起动发动机,打开空调运行3~5min。

提示:

起动发动机注意周围人员安全,检查测试线是否连接可靠,避免靠近高温或运动部件。

 完全降下车窗。

提示:

这是空调性能测试的条件之一。

 完全打开车门。

提示:

这是空调性能测试的条件之一。

 将空气循环模式调到外循环模式。

提示:

(1) 这是空调性能测试的条件之一。

(2) 内外循环指示灯在灯不工作熄灭情况下是外循环模式。

调到最冷模式。

提示：

这是空调性能测试的条件之一。

 将出风模式调到迎面吹。

提示：

（1）这是空调性能测试的条件之一。
（2）迎面吹各出风口的开关处于打开状态。

 进入测量模式。

提示：

（1）在环境温度和湿度显示模式下点击"确认"按键，进入测量模式界面。
（2）测量模式下有8个数据显示窗口，如下图所示。

 将发动机转速维持在1800~2200r/min。

提示：

这个范围的转速是发动机的最常用工况转速。

 记录测量数据。

提示：

空调故障诊断仪显示的界面有8项数据。

 根据数据分析空调性能。

提示：

（1）根据低压压力和环境温度制表。
（2）横坐标为环境温度、纵坐标为空调工作时低压压力。
（3）当相对湿度大于30%、小于80%不做空调系性测试。

18 根据数据分析空调性能。

提示：

（1）根据出风口温度和环境温度制表。
（2）横坐标为环境温度、纵坐标为空调出风口温度。
（3）当相对湿度大于30%，小于80%不做空调性能测试。

第四步 整理、整顿

1 回收空调故障诊断仪。

提示：

（1）回收时做好防护。
（2）拆卸空调温度传感器或压力传感器时，注意人或测试线束触碰到高温物体。
（3）仪器轻拿轻放。

2 对高低压维修阀口进行电子检漏。

提示：

在实训操作中触碰过的空调维修阀口都要进行电子检漏，检查触碰过后的高低压阀口是否密封良好。

3 回收设备。

4 整理工位。

提示：

（1）整理设备、工具。
（2）整理、清洁汽车。
（3）将汽车停入指定的位置。
（4）将工具放回指定的位置。

（六）考核标准

1 工作记录表

空调故障诊断仪测量数据记录表

汽车型号		学生姓名	
发动机型号		VIN 编号	
步 骤	作 业 项 目	结 果 分 析	
空调性能检验	空调系统类型设置		
	高压侧压力		
	低压侧压力		
	环境温度		
	环境湿度		
	空调出风口温度		
	空调出风口湿度		
	根据低压压力与周围环境温度图进行标注		
	根据出风口温度与周围环境温度图进行标注		

2 工作考评表

空调故障诊断仪使用流程作业考评表

考评人：　　　　　操作人：　　　　　日期：　　　　　时间：

考核时间	操作步骤	序号	考核项目	满分	评分标准	得分
20min	第一步 准备工作	1	着装规范	4	酌情扣分	
		2	作业前整理工位	4	酌情扣分	
	第二步 空调故障 诊断仪的 面板检查	3	检查空调诊断仪配件是否齐全	1	检查不到位，分数全扣	
		4	检查主机面板是否有损坏	1	检查不到位，分数全扣	
		5	检查高、低压传感器是否有损坏	1	检查不到位，分数全扣	
		6	检查温度测试线测试端口是否有损坏	1	检查不到位，分数全扣	
		7	检查温度传感器线束是否正常	1	检查不到位，分数全扣	
		8	检查 THR 传感器	1	检查不到位，分数全扣	
		9	连接高低压传感器和温度传感器	1	酌情扣分	
		10	检查温度测试线	1	酌情扣分	

续上表

考核时间	操作步骤	序号	考核项目	满分	评分标准	得分
20min	第三步 连接空调 故障诊 断仪	11	将空调故障诊断仪悬挂在发动机舱盖的挂钩上	2	操作不当,分数全扣	
		12	拧下高、低压维修阀保护盖	1	操作不当,分数全扣	
		13	清洁高、低压维修阀口	3	清洁不到位,分数全扣	
		14	清洁高压传感器	1	酌情扣分	
		15	将高压传感器连接到高压维修阀口上	3	酌情扣分	
		16	打开高压快速阀阀门	1	酌情扣分	
		17	将低压传感器连接到低压维修阀上	1	操作不当,分数全扣	
		18	打开低压快速阀阀门	1	操作不当,分数全扣	
		19	将TK1温度传感器(红色)连接到冷凝器进口的金属管路上	3	酌情扣分	
		20	将TK2温度传感器(黄色)连接到冷凝器出口的金属管路上	3	酌情扣分	
		21	将TK3温度传感器(黑色)连接到膨胀阀进口的金属管路上	3	酌情扣分	
		22	将TK4温度传感器(蓝色)连接到蒸发器出口的金属管路上	3	酌情扣分	
		23	整理测试线束	1	酌情扣分	
	第四步 测试汽车 空调效果	24	诊断仪开机	1	酌情扣分	
		25	选择空调诊断菜单	1	酌情扣分	
		26	选择测量模式	1	酌情扣分	
		27	选择车辆空调配置类型	1	酌情扣分	
		28	采集环境温度和湿度信号	1	酌情扣分	
		29	根据仪器提示,起动发动机,打开空调运行3~5min	3	操作不到位,分数全扣	
		30	降下全车车窗	3	酌情扣分	
		31	打开全车车门	3	酌情扣分	
		32	鼓风机达到最大挡位	3	酌情扣分	
		33	将空气循环模式跳到外循环模式	3	酌情扣分	
		34	调到最冷模式	3	酌情扣分	
		35	将出风模式调到迎面吹	3	检查不到位扣2分	
		36	进入测量模式	3	酌情扣分	
		37	将发动机转速维持在1800~2200r/min	3	检查不到位扣2分	
		38	记录测量数据	5	检查不到位扣2分	
		39	画空调性能表	5	酌情扣分	
		40	对高低压维修阀口进行电子检漏	5	检查不到位扣2分	
	其他	41	整理工作台	3	操作不当扣2分	
		42	安全操作	8	零件是否有跌落,若有,每次扣2分;工具是否有损坏,若有,每次扣2分;扣完为止	
		43	操作时间		每超时1min扣2分,超时5min终止考试	
		44	遵守相关安全规范		因违规操作造成人身和设备事故的,总分按0分计	
			分 数 合 计	100	操作人实际得分	

项目 8 汽车空调压缩机检测与更换作业

一 学习目标

1. 了解汽车空调压缩机的功用及分类。
2. 掌握压缩机的就车检测方法与更换维修工艺。

二 情景导入

案例：一辆卡罗拉轿车，夏天开起空调发现制冷效果不好。用压力表测量后发现，该车空调系统的静态压力值在正常范围内。启动汽车空调后观察压力发现异常，低压压力偏高，高压压力偏低，根据维修手册提示，可确认为该空调系统为压缩机损坏所致，要求更换压缩机。

三 知识链接

1 汽车空调压缩机的功用

压缩机是空调制冷系统的心脏，能使制冷剂在系统中产生循环，从蒸发器出来的低温低压的气态制冷剂，在压缩机的作用下，压缩为高温高压的气态制冷剂，并使气态制冷剂进入冷凝器中。

2 汽车空调压缩机的类型

汽车空调压缩机的类型如右图所示。

3 汽车空调压缩机的工作原理

（1）压缩过程：活塞在发动机皮带的带动下，在汽缸内运动。当活塞运动到缸内最低点（下止点）时，汽缸内充满了制冷剂气体，活塞再上行时缸内容积逐渐减小，密闭在汽缸内的制冷剂气体压力和温度不断的升高，即制冷剂在汽缸内从进气时的低压制冷剂气体升高到排气时高压、高温的制冷剂气体过程为压缩过程。

（2）排气过程：活塞继续上行，汽缸内的制冷剂气体压力不再升高，而是不断地经过排气阀向排气管输出，制冷剂从汽缸内向排气管输出的过程为排气过程。

（3）膨胀过程：活塞再次下行，排气阀关闭，可进气阀不能马上打开，进气管内的气体不能马上进入汽缸，使其压力下降到汽缸内的压力稍低于进气管内的压力时，进气阀才能打开，活塞从上止点向下移动到进气阀打开的过程为膨胀过程。

汽车空调压缩机的类型

（4）进气过程：低压制冷剂气体便不断地由蒸发器经进气管和进气阀进入汽缸，直到活塞下行至下止点为止，这一过程为进气过程。

汽车空调压缩机的工作原理如下图所示。

压缩机的工作过程

四 项目实施

（一）技术标准与要求

安全操作。

（二）实训时间

实训时间为20min。

（三）实训器材

压缩机

万用笔

蓄电池

测试线

聚乙烯胶带

塞尺

| 螺丝刀套组 | 常用工具 | 清洁布 |

（四）教学组织

1 教学组织形式

本课程为"工艺化"实训课，实训教师 1 名，学生 18 名，实训室共有 3 个实训工位，按照 6 人 1 个工位编组。

2 学生的站位分工和要求

学生按规定的工位站立，按教师的指令同时进行独立的操作。

3 实训教师职责

播放教学视频，并讲解实训项目的操作步骤和相关的注意事项；下达"开始操作"口令；巡视、检查、指导，纠正学生操作中的错误；课堂总结；组织学生对实训室进行清洁整理。

4 学生职责

认真观看教学视频；完成教师布置的任务；做好课后的清洁整理工作。

（五）操作步骤

🌲 第一步　作业前准备

1 清洁、整理工位，准备好相关的工具和物品。

提示：

（1）准备车辆的安全防护设备。
（2）准备实训用的设备。

2 学生列队站立在实训车辆两边。

提示：

学生应穿实训服，站到指定的工位进行学习。

安装汽车维修防护设备。

提示:

(1) 安装尾气排气抽气管。
(2) 安装车轮挡块。
(3) 安装室内座椅套、转向盘套、地板垫。
(4) 安装翼子板布、前格栅布。注意事项：操作时要启动汽车、打开空调，便于散热，所以需要把前格栅布掀起。

 对空调管路内的制冷剂进行回收。

提示:

更换制冷元件前需进行回收制冷剂。若不回收制冷剂，直接更换零部件会导致制冷剂释放到大气中。

🌲 第二步　拆卸空调压缩机

 举升车辆。

提示:

(1) 确保举升机完好，可以正常举升和下降。
(2) 举升车辆注意事项参照二级维护项目：举升机的使用作业项目。

 拆卸发动机塑料护板。

提示:

(1) 用套筒拧出三个固定螺钉。
(2) 用手取下发动机的塑料护板。

 脱开压缩机电磁离合器连接器。

提示:

(1) 用手先搬开空调电磁离合器连接器上的锁止卡扣。
(2) 向后拉动连接器的后端直到连接器完全脱开为止。

旋松传动带张紧轮。

提示：

用12号开口扳手拧松张紧器的固定螺栓。

 脱开空调传动带，取下空调传动带。

提示：

（1）用开口扳手向驾驶室拉动一定角度。
（2）用手顺势脱开张紧器附近的传动带。

 脱开压缩机高压侧空调管路。

提示：

用开口扳手旋开高压管路的固定螺栓。

 用绝缘胶带密封高压侧空调管接口，以防异物进入低压管路。

提示：

（1）拆下压缩机高压管接口后应用聚氯乙烯绝缘带密封断开部件的开口处，防止湿气和异物进入。
（2）拆卸低压管路时参照以上步骤。

 拆下压缩机的固定螺栓。

提示：

先用扭力扳手对螺栓进行拧松，然后用棘轮扳手拆卸压缩机固定螺栓。

 将压缩机从发动机装配支架上取下。

提示：

注意事项：取下压缩机时要防止压缩机内部的冷冻油倒出，污染环境。

将压缩机放置在工具车上。

提示:

压缩机高低压开口要朝上。

🌲 第三步　检查空调压缩机

 检查压板是否变色、剥落或损伤。

提示:

（1）如果有损伤，更换压缩机。

（2）检查压缩机压盘表面是否有刮痕或翘曲变形。

 用手转动带轮，检查带轮轴承的间隙和阻力。

提示:

（1）转动时，如果出现噪声或异常声响则更换压缩机总成。

（2）转动时，如果阻力过大或间隙过大则更换压缩机总成。

 测量电磁离合器线圈电阻。

提示:

（1）20℃时，标准电阻为 4～5Ω。

（2）如电阻值不正常，则更换压缩机总成。

 用塞尺测量带轮与压板之间的间隙。

提示:

（1）塞尺厚度可供选择，如 0.1mm、0.3mm、和 0.5mm。

（2）标准间隙应为 0.3～0.6mm。

5 用导线将蓄电池正负极与压缩机端子连接，检查电磁离合器是否接合。

 提示：

（1）测量时，端子的正负极不应接错，否侧就会造成电磁离合器不吸合。
（2）若电磁离合器不吸合，应更换压缩机总成。

第四步　安装空调压缩机

1 检查新的压缩机总成。

 提示：

（1）检查压板是否变色、剥落或损伤。
（2）用手转动带轮，检查带轮轴承的间隙和阻力。
（3）目前绝大多数新的压缩机总成内部都有足量的冷冻油，所以不需要再次添加。

2 清洁、润滑压缩机高压软管测高低压接口。

提示：

（1）将缠绕在高、低压管口的绝缘带拆下。
（2）用清洁布对管接口周围进行清洁。
（3）对管接口涂抹齿轮润滑油（ND-OIL8 或同等产品）。

3 安装压缩机的固定螺栓。

 提示：

（1）安装压缩机的三个固定螺栓，拧紧力矩为 25N·m。
（2）连接空调电磁离合器的连接器。

压缩机　　　固定螺栓

4 安装空调传动带。

 提示：

（1）安装的传动带应无老化和油污。
（2）传动带的中心位置要对准带轮的卡槽。

紧固调整张紧轮。

提示:

沿箭头所指方向,在凸出部分1逆时针向张紧器施加张紧力,使张紧器慢慢往回滑动。

 安装塑料挡泥板。

提示:

安装顺序与拆卸顺序相反。

 降下汽车。

提示:

汽车下降过程中要注意人身和车辆安全。

第五步 整理工位

整理工位。

提示:

(1) 整理设备、工具。
(2) 整理、清洁汽车。
(3) 将汽车停入指定的位置。
(4) 将工具放回指定的位置。

(六) 考核标准

1 工作记录表

汽车空调压缩机的检测与更换记录表

汽车型号		学生姓名	
发动机型号		VIN 编号	
工作情况记录： 1. 本车是否更换空调压缩机：是□　否□ 2. 更换的压缩机的依据：电磁离合器损坏□　压缩机损坏□　带轮与压板之间的间隙□ 3. 情况说明：			

2 工作考评表

汽车空调压缩机的检测与更换考评表

考评人：　　　　操作人：　　　　日期：　　　　时间：

考核时间	操作步骤	序号	考核项目	满分	评分标准	得分
20min	第一步 准备工作	1	着装规范	4	酌情扣分	
		2	作业前整理工位	4	工具整理不齐扣2分	
	第二步 拆卸空调 压缩机	3	举升车辆	10	出现问题，分数全扣	
		4	拆卸发动机塑料护板	3	操作不当扣2分	
		5	脱开压缩机电磁离合器连接器	3	操作不当扣2分	
		6	旋松传动带张紧轮	3	操作不当扣2分	
		7	脱开空调传动带、取下空调传动带	3	操作不当扣2分	
		8	脱开压缩机高压侧空调管路	3	操作不当扣2分	
		9	用绝缘胶带密封高压侧空调管接口，以防异物进入低压管路	3	酌情扣分	
		10	拆下压缩机的固定螺栓	3	酌情扣分	
		11	将压缩机从发动机装配支架上取下	3	酌情扣分	
		12	将压缩机放置在工具车上	3	酌情扣分	
	第三步 检查空调 压缩机	13	检查压板是否变色、剥落或损伤	3	酌情扣分	
		14	用手转动带轮，检查带轮轴承的间隙和阻力	3	操作不当扣1分	
		15	测量电磁离合器线圈电阻	2	操作不当扣1分	
		16	用塞尺测量带轮与压板之间的间隙	3	操作不当扣1分	
		17	用导线将蓄电池正负极与压缩机端子连接，检查电磁离合器是否接合	3	操作不当扣1分	
		18	检查新的压缩机总成	3	酌情扣分	
	第四步 安装空调 压缩机	19	清洁、润滑压缩机高压软管测高低压接口	3	酌情扣分	
		20	安装压缩机的固定螺栓	3	酌情扣分	
		21	安装空调传动带	3	酌情扣分	
		22	紧固调整张紧轮	3	酌情扣分	
		23	安装塑料挡泥板	3	酌情扣分	
		24	降下汽车	3	酌情扣分	
		25	整理工作台	8	操作不当扣4分	

续上表

考核时间	操作步骤	序号	考核项目	满分	评分标准	得分
20min	其他	26	安全操作	12	零件是否有跌落，若有，每次扣2分；工具是否有损坏，若有，每次扣2分；扣完为止	
		27	操作时间		每超时1min扣2分，超时5min终止考试	
		28	遵守相关安全规范		因违规操作造成人身和设备事故的，总分按0分计	
分 数 合 计				100	操作人实际得分	

项目9 汽车空调控制面板总成的检测与更换作业

一 学习目标

1. 了解手动空调与自动空调的区别。
2. 理解鼓风机电路的工作原理。
3. 掌握手动空调面板开关的检测方法和更换工艺。

二 情景导入

一辆卡罗拉轿车,打开空调后改变鼓风机挡位时,发现该车空调面板上的出风口风速不会随鼓风机挡位变化而发生改变,任何鼓风机挡位下只有一个最低风速。

三 知识链接

车用空调按照控制方式分为手动和自动两种空调系统。手动空调如下图所示,该系统只能手动调节温度和风量,不能设定车内空调的具体温度。自动空调如下图所示,可以根据已设定的温度自动调节,从而保持车内温度的恒定,另外自动空调有自检装置,可以及早发现故障隐患。控制面板安装在靠近驾驶员的右前方位置。面板控制有三种形式:旋钮式、按钮式和触摸式。

卡罗拉轿车手动空调操作界面

卡罗拉轿车自动空调操作界面

驾驶员可以通过调节鼓风机控制空气流速,鼓风机由电动机和风扇组成,鼓风机电路如下图所示。电动机有单绕线电动机和多绕线电动机,风扇有鼠笼式风扇和叶片式风扇。控制空气流速就是控制电动机转速。鼓风机挡位一般有二、三、四、五速四种,最常用的是四速。通过改变鼓风机开关与调速器电阻的接通方式可实现不同的转速运转。原理是:鼓风机电动机电流经过3个电阻,鼓风机低速运行,如下图所示。鼓风机电路中不串接任何电阻时,鼓风机以最高速运转。

鼓风机电路简图

变阻器结构图

四 项目实施

(一) 技术标准与要求

(1) 确保操作人员及设备安全。
(2) 更换损坏部件时，请使用相同型号的零件。
(3) 拆装机械部件时，尽量避免造成二次损坏。
(4) 所有被检测元件的技术数据以原车维修手册为准。
(5) 卡罗拉鼓风机部分电路图，如下图所示。

卡罗拉鼓风机电路图

(二) 实训时间

实训时间为20min。

(三) 实训器材

鼓风机开关

万用表

测试线

螺丝刀套组

常用工具

清洁布

(四)教学组织

1 教学组织形式

本课程为"工艺化"实训课,实训教师1名,学生24名,实训室共有6个实训工位,按照4人1个工位编组。

2 学生的站位分工和要求

学生按规定的工位站立,按教师的指令同时进行独立的操作。

3 实训教师职责

播放教学视频,并讲解实训项目的操作步骤和相关的注意事项;下达"开始操作"口令;巡视、检查、指导,纠正学生操作中的错误;课堂总结;组织学生对实训室进行清洁整理。

4 学生职责

认真观看教学视频;完成教师布置的任务;做好课后的清洁整理工作。

(五)操作步骤

第一步 作业前准备

 清洁、整理工位,准备好相关的工具和物品。

提示:

准备一块抹布、一把一字螺丝刀、一把十字螺丝刀、一根短接杆、一个10mm套筒、一副布手套、一个旋具套筒接杆、6根测试线、2根端接线和万用表。

 学生列队站立在实训车辆两边。

提示:

学生应穿实训服,站到指定的工位进行学习。

3 安装汽车维修防护设备。

提示:

(1) 安装尾气排气抽气管。
(2) 安装车轮挡块。
(3) 安装室内座椅套、转向盘套、地板垫。
(4) 安装翼子板布、前格栅布。注意事项:操作时要启动汽车、打开空调,便于散热,所以需要把前格栅布掀起。

第二步　询问故障现象

 分析车辆的故障原因。

提示：

分析车辆目前所出现的故障及故障发生时所处的外界环境。

 记录车上物品。

提示：

记录储物箱和行李舱的物品，并要求车主签字确认，以防维修后留下车主物品丢失的隐患。

 记录车辆的基本信息。

提示：

记录维修车辆的信息，以便日后统计，同时把记录的车厢储物箱及行李舱内物品信息给车主并让车主签字注明。

第三步　确认故障现象

 打开空调。

提示：

（1）起动发动机。
（2）打开鼓风机开关。
（3）打开 A/C 开关。

 测试鼓风机1、2、3、4挡各挡位下的风速。

提示：

（1）用手感觉，各挡位出风风速一样。
（2）用风速计测试各挡位的风速,风速显示为2m/s。
（3）确认故障现象：鼓风机1、2、3、4挡位出风一样。

第四步　测量鼓风机变阻器

1 将鼓风机开关打到 0 挡位，点火开关置于"ACC"位置。

2 检查蓄电池的电压是否正常。标准电压为 11～14V。

提示：

（1）此时检测出蓄电池电压为 12.23V，为正常状态，接下一步操作。

（2）如果电压低于 11V，先对蓄电池进行充电或更换蓄电池，再试车验证故障是否已排除。

3 拔下鼓风机变阻器连接器。

4 拆卸鼓风机挡位变阻器。

提示：

（1）使用十字螺丝刀旋下 2 个固定螺钉。
（2）将鼓风机挡位变阻器轻轻拔出。

5 鼓风机变阻器端子介绍。

提示：

变阻器连接器端子：1 号为电源端子、2 号为 2 挡位搭铁端子、3 号为 3 挡位搭铁端子、4 号为 1 挡位搭铁端子。

6 万用表自检。

提示：

把万用表挡位转到蜂鸣位置，把红黑表头相连，有蜂鸣声响，为正常。若不正常，更换万用表。

测量鼓风机变阻器。

提示:

(1) 根据维修手册提示,测量下表所示端子电阻。

(2) 此时检测的电阻值符合规定。接下一步操作。

(3) 若电阻不正常,请更换新的变阻器。

标准电阻

检测仪连接	条件	规定状态
E66-1(HI)—E66-4(E)	始终	3.12~3.60Ω
E66-3(M2)—E66-4(E)	始终	2.60~3.00Ω
E66-2(M1)—E66-4(E)	始终	1.67~1.93Ω

将鼓风机挡位达到2挡位。

 测量鼓风机变阻器2挡位搭铁端子的搭铁电阻是否正常。

提示:

(1) 测量方式如下图所示。

(2) 此时检测的电阻值为无穷大,为异常,正常值为小于1Ω,不符合规定,接下一步操作。

(3) 测量鼓风机3挡位的搭铁电阻也为无穷大,为异常。

(4) 若值正常,则直接更换鼓风机变阻器。

第五步 拆卸空调控制面板总成

 拆卸仪表板左下装饰板。

提示:

(1) 操作时戴手套。

(2) 用双手抓住仪表板左下装饰板中间位置,向上均匀用力,脱开装饰板固定的3个卡爪。

拆卸仪表板右下装饰板。

提示:

用双手抓住仪表板右下装饰板中间位置,向上均匀用力,脱开装饰板固定的3个卡爪。

 拆卸仪表板左端装饰板。

提示:

(1) 一字螺丝刀必须用布包裹好,防止损坏零部件。

(2) 右手用裹着布的一字螺丝刀撬拆仪表板左端装饰板下端,左手扶着拆卸仪表板左端装饰板上端,脱开2个卡爪。

 拆卸仪表板右端装饰板。

提示:

拆卸方法同上一步。

 挂挡。

提示:

左手按下"SHIFT LOCK"键不放开,右手将挡位挂到N挡。

 打开点烟器的盖板。

提示:

用手向内轻轻一推,点烟器盖板自动弹开。

 拆卸中央仪表组装饰板总成。

提示:

(1) 拆卸中央仪表组装饰板总成的上端,脱开2个卡爪。

(2) 拆卸中央仪表组装饰板总成下端,脱开2个卡子。

 拆卸仪表盒。

提示:

(1) 用十字螺丝刀分两次拧松螺钉一圈,拧松两个螺钉。

(2) 按照规定方式进行拆卸,脱开2个卡爪。
(3) 断开仪表盒后部连接器。

 拆卸仪表板孔盖。

提示:

(1) 按规定方式拆卸仪表板孔盖,脱开4个卡爪。

(2) 断开每个连接器。

 拆卸中央仪表板调风器总成。

提示:

(1) 按规定方式拆卸中央仪表板调风器总成,脱开2个卡爪,4个卡子和2个导销。
(2) 断开中央仪表调风器后部的连接器。

 拆卸带支架的收音机。

提示:

(1) 选用10mm的套筒,按1、2、3顺序对角紧固螺栓。
(2) 按1、2、3、4依次拧松所有螺栓。

汽车空调控制面板总成的检测与更换作业 项目9

12 取下收音机总成。

13 脱开鼓风机开关连接器。

提示：

（1）脱开空调控制面板总成的4个卡扣。
（2）脱开鼓风机开关连接器。

🌲 第六步　检查鼓风机开关线路

1 检查鼓风机开关与变阻器之间的线路通断情况。

提示：

测量鼓风机开关与鼓风机变阻器之间线路通断情况。

2 检查线路的通断情况。

提示：

（1）万用表一端接E70的9号端子，另一端接E66的2号端子，检测的电阻应为0.1Ω。
（2）如果测量阻值大于10kΩ，表明线路存在断路。
（3）测量值小于1Ω，符合规定，接下一步操作。

3 鼓风机开关位置图。

提示：

（1）参考维修手册进行测量。
（2）标准值参考见下表。

标 准 电 阻

检测仪连接（符号）	开关状态	规定状态
4（LO），6（HI），9（M1），10（M2）—5（E）	鼓风机开关：OFF	10kΩ 或更大
4（LO）—5（E）	鼓风机开关：LO	小于1Ω
4（LO），9（M1）—5（E）	鼓风机开关：M1	小于1Ω
4（LO），10（M2）—5（E）	鼓风机开关：M2	小于1Ω
4（LO），6（HI）—5（E）	鼓风机开关：HI	小于1Ω

将鼓风机开关打到2挡位,测量鼓风机开关电阻。

提示:

测量鼓风机开关E70的9号端子与E70的5号端子之间的电阻为无穷大,异常。正常电阻小于1Ω。

 将鼓风机开关打到3挡位,测量鼓风机开关电阻。

提示:

(1) 测量鼓风机开关E70的10号端子与E70的5号端子之间的电阻为无穷大,异常。正常电阻小于1Ω。

(2) 故障点已确认:鼓风机开关损坏,需要更换。

🌲 第七步 更换鼓风机开关

 拆卸空调面板总成。

提示:

(1) 用布包裹一字螺丝刀头部,以免损伤时损伤空调面板。

(2) 脱开2个卡爪。

 取下鼓风机开关。

提示:

(1) 用布包裹一字螺丝刀,以免损伤鼓风机开关。

(2) 脱开2个卡爪。

汽车空调控制面板总成的检测与更换作业 **项目9**

3 安装新的鼓风机开关。

提示：

（1）安装前，对新的鼓风机开关进行电阻测量，参考鼓风机开关检测步骤。
（2）接合2个卡爪，安装鼓风机开关总成。

第八步　安装及复位

1 将连接器复位。

提示：

复位的连接器有鼓风机模式开关连接器、鼓风机挡位开关连接器、温度调节连接器。

2 安装空调面板总成。

3 安装收音机。

提示：

（1）将音响背部的连接器复位。
（2）选用10mm的套筒，按1、2、3、4依次拧紧松所有螺栓。
（3）按1、4、2、3对角拧紧螺栓一圈。

4 安装中央仪表板调风器总成。

5 安装仪表板孔盖。

6 安装仪表盒总成。

提示：

用十字螺丝刀拧紧 2 个螺钉。

7 安装中央仪表组装饰板总成。

8 将挡位挂至 P 挡。

9 安装仪表板左端装饰板。

10 安装仪表板右下装饰板，接合 3 个卡爪和卡子。

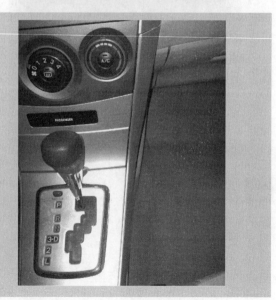

第九步 整理、整顿工位

整理工位。

提示：

(1) 整理设备、工具。
(2) 整理、清洁汽车。
(3) 将汽车停入指定的位置。
(4) 将工具放回指定的位置。

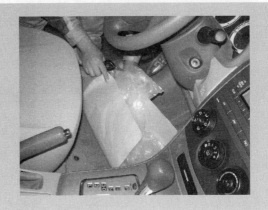

（六）考核标准

1 工作记录表

汽车空调面板总成检测与更换作业记录表

汽车型号		学生姓名	
发动机型号		VIN 编号	
步　　骤	作 业 项 目	数 据 结 果	
1. 确认故障现象	询问故障现象		
	确认故障现象		
2. 线路测量	鼓风机变阻器测量		
	鼓风机开关线路测量		
	鼓风机开关测量		
3. 故障点确认	故障点确认		
	故障点修复		

2 工作考评表

汽车空调面板总成检测与更换作业考评表

考评人：　　　　操作人：　　　　日期：　　　　时间：

考核时间	操作步骤	序号	考核项目	满分	评分标准	得分
20min	第一步 准备工作	1	着装规范	2	酌情扣分	
		2	作业前整理工位	2	酌情扣分	
		3	安装汽车维修防护设备	2	检查不到位扣1分	
		4	记录车上物品	2	酌情扣分	
		5	记录车辆的基本信息	2	操作不当扣1分	

续上表

考核时间	操作步骤	序号	考核项目	满分	评分标准	得分
20min	第二步 确认故障 现象	6	打开空调，确认故障	2	酌情扣分	
		7	测试1、2、3挡风速	5	酌情扣分	
		8	测试4挡风速	2	酌情扣分	
	第三步 测量鼓风 机变阻器 相关线路	9	将鼓风机开关打到0挡位，点火开关置于"ACC"位置	2	操作不当扣1分	
		10	将点火开关转动到"ON"位置	2	操作不当扣1分	
		11	检查蓄电池的电压是否正常	2	酌情扣分	
		12	拔下鼓风机变阻器连接器	3	操作不当扣1分	
		13	拆卸鼓风机挡位变阻器	2	操作不当扣1分	
		14	万用表自检	2	操作不当扣1分	
		15	测量鼓风机变阻器	2	酌情扣分	
		16	测量鼓风机变阻器的供电电压是否正常	3	操作不当扣2分	
	第四步 测量鼓风 机开关总 成相关 线路	17	拆卸仪表板左下装饰板	1	酌情扣分	
		18	拆卸仪表板左端装饰板	1	酌情扣分	
		19	拆卸仪表板右端装饰板	1	酌情扣分	
		20	挂挡	2	酌情扣分	
		21	拆卸中央仪表组装饰板总成	1	酌情扣分	
		22	拆卸仪表盒	1	酌情扣分	
		23	拆卸仪表板孔盖	1	酌情扣分	
		24	拆卸中央仪表板调风器总成	1	酌情扣分	
		25	拆卸带支架的收音机	2	酌情扣分	
		26	拆卸空调面板总成	2	酌情扣分	
		27	鼓风机开关线路检查	3	酌情扣分	
		28	拆卸空调控制面板分总成	4	酌情扣分	
		29	脱开鼓风机开关锁止机构	4	操作不当扣2分	
		30	取下鼓风机开关	4	操作不当扣2分	
		31	安装空调面板总成	2	酌情扣分	
		32	安装带支架的收音机	2	酌情扣分	
		33	安装中央仪表板调风器总成	2	酌情扣分	
		34	安装仪表板孔盖	2	酌情扣分	
		35	安装仪表盒总成	2	酌情扣分	
		36	安装中央仪表组装饰板总成	1	酌情扣分	
		37	安装仪表板左端装饰板	1	酌情扣分	
		38	安装仪表板右端装饰板	1	酌情扣分	
		39	安装仪表板左下装饰板	1	酌情扣分	
		40	安装仪表板右下装饰板	1	酌情扣分	
	其他	41	安全操作	20	零件是否有跌落，若有，每次扣2分；工具是否有损坏，若有，每次扣2分；扣完为止	
		42	操作时间		每超时1min扣2分，超时5min终止考试	
		43	遵守相关安全规范		因违规操作造成人身和设备事故的，总分按0分计	
	分 数 合 计			100	操作人实际得分	

参 考 文 献

[1] 于明进,于光明. 汽车电气设备构造与维修[M]. 北京：高等教育出版社,2012.
[2] 细川武志. 汽车构造图册[M]. 北京：人民交通出版社,2009.
[3] JT/T 774—2010 汽车空调制冷剂回收、净化、加注工艺规范[M]. 北京：人民交通出版社,2010.